贵州省高校人文社会科学研究项目资助（项目编号：2024RW20
课题名称："文化自信"视域下贵州优秀传统文化资源融入高

高校思想政治教育
与中华优秀传统文化融合浸润研究

刘芳艺　著

九 州 出 版 社
JIUZHOUPRESS

图书在版编目（CIP）数据

高校思想政治教育与中华优秀传统文化融合浸润研究 /
刘芳艺著. —— 北京：九州出版社，2025.2. —— ISBN
978-7-5225-3676-7

Ⅰ. G641；K203

中国国家版本馆 CIP 数据核字第 2025TN0175 号

高校思想政治教育与中华优秀传统文化融合浸润研究

作　　者　刘芳艺　著
责任编辑　石增银
出版发行　九州出版社
地　　址　北京市西城区阜外大街甲 35 号（100037）
发行电话　（010）68992190/3/5/6
网　　址　www. jiuzhoupress. com
电子信箱　jiuzhou@jiuzhoupress. com
印　　刷　北京星阳艺彩印刷技术有限公司
开　　本　787 毫米×1085 毫米　16 开
印　　张　11.5
字　　数　160 千字
版　　次　2025 年 4 月第 1 版
印　　次　2025 年 4 月第 1 次印刷
书　　号　ISBN　978-7-5225-3676-7
定　　价　68.00 元

前　　言

中华民族在长期的历史发展中，积累了灿烂的优秀文化。这些历久弥新的核心价值观与理念，始终为我们的文化进步提供着强劲动力。它的存在、传承与发扬能加快推进我国社会主义现代化进程，而继承和发扬这些优秀的传统文化本身也是社会主义现代化建设的重要组成部分。文化融入思想政治教育是一个古老的话题，但是在新时代，它又是一个崭新的话题。我们必须基于新时代多种文化的特点，不断认识到新形势下思想政治教育文化性的彰显，认识到思想政治教育与文化之间紧密的关系，从而实现中华优秀传统文化与高校思想政治教育的真正融合浸润。

中华优秀传统文化是各族人民经过数千年来积淀，最终形成的各类美术、文学、天文、地理等体现不同民族不同艺术审美、世界观、人生观、价值观的综合体。这些文化包括物质文化和精神文化，无一不对中华儿女有着积极影响，甚至已经深深地融入了我们血脉当中。随着中华传统文化在世界上的地位不断提升，"文化自信"成为当下最流行的词汇。实现高校思想政治教育与中华优秀传统文化的融合浸润，可以培养学生强烈的人格魅力、审美情趣、哲学思想、艺术涵养等，能够让大学生积淀雄厚的人文素养，让其自身成为受他人欢迎、效仿、尊敬的对象。而从宏观层面来看，大学生掌握优秀传统文化素养，不仅保证了优秀文化的传承，更提高了群众文化素养水平，为我国知识型社会建设提供了巨大的驱动力。大学生优秀传统文化素养培育是利于学生、利于高校、利于社会、利于国家的重要举措。

本书共分为五章。第一章阐述了高校思想政治教育的基础理论，包括高校思想政治教育的时代变化、内涵、任务与特点，以及高校思想政治教育的构建原则及重要意义等，并且以贵州高校为例，分析了当前高校思想政治教育的现状；第二章探讨了中华优秀传统文化的内涵、历史地位、现代价值，以及中华优秀传统文化在高校思想政治教育中的价值等；第三章分析了高校思想政治教育与中华优秀传统文化融合的现状，着重解析了当前高校思想政治教育与中华优秀传统文化融合的可行性、融合的困境以及二者之间的相互赋能；第四章研究了高校思想政治教育与中华优秀传统文化融合的挑战与机遇；第五章提出了高校思想政治教育与中华优秀传统文化融合的路径，包括将中华优秀传统文化融入思政课教学以及校园文化活动中，以生动丰富的中华优秀传统文化资源贯穿思政课程教学，以及利用媒体手段促进高校思想政治教育与中华优秀传统文化的融合等，并对贵州红色文化融入高校思想政治教育的路径进行了探究。

本书在写作过程中参考了众多专家学者的研究成果，在此表示诚挚的感谢！由于时间和精力的限制，本书内容难免存在不足之处，恳请广大读者予以批评指正，不吝赐教。

2024 年 7 月

目　　录

第一章　高校思想政治教育科学认知

在当今的世界舞台上，我们正经历一场前所未有的发展改革浪潮。和平、发展与合作的趋势越发显著，成为时代的主旋律。世界多极化的格局日益稳固，经济全球化的步伐不断加快，多边主义和国际关系的民主化理念深入人心。开放合作、互利共赢的理念已经成为国际社会的普遍共识，各国之间的依存关系也越发紧密。高校思想政治教育是高校人才培养中的重要一环，在新时期必须对高校思想政治教育进行研究，以推动高校思想政治教育的发展。

第一节　高校思想政治教育的时代变化

在当今中国社会，改革开放的浪潮犹如浩渺洪流，推动着经济全球化、政治多极化、文化多元化的深入发展。这一变革的浪潮不仅带来了经济的繁荣，更带来了文化的百花齐放。面对多元化的文化冲击，许多大学生在道德、信仰和理想上产生了困惑。他们作为新时代的青年，具备了高度的文化素质和强烈的民主意识，对于社会转型时期的种种矛盾和冲突，他们更为敏感，也更渴望得到解答。这一现状告诉我们，当前高校思想政治教育所面临的挑战并非减少，而是越发严峻。为了应对这一挑战，我们需要思考如何以符合时代特点的形式和手段，以及符合青年特点的教育内容，来引导大学生在每一次的思想政治教育中都能获得新的启示和收获。成功的思想政治教育，其关键在于激发教育对象内部的积极因素，而不仅仅是灌输知识。为此，我们需要革新思想政治教育模式，注重培养大学生的独立思考能力和批判性思维。同时，更要侧重于对思想政治主旋律教育的推动，通过弘扬社会主义核心价值观，引导大学生树立正确的世界观、人生观和价值观。这样，才能让思想政治教育真正发挥其在大学生成长过程中的引领作用，培养他们成为有理想、有道德、有文化、有纪律的新时代青年。

一、当代高校思想政治教育的形势变化

新挑战是源自新环境，正是由于国内外形势的新变化，导致高校思想政治教育要面临新的挑战。高校思想政治教育的形势变化主要表现在以下四个方面。

（一）经济市场化

我国经济体制的改革目标是建立并完善具有中国特色的社会主义市场经济体制。自改革开放以来，我国已经逐渐建立起市场经济体制。市场化的改革，促使我国经济迅猛发展，经济实力和综合国力都有了明显的提升。中国的经济市场化给社会带来了深刻的影响，从而间接影响了高校思想政治教育的方向和方式。我国的经济市场化对社会的影响主要表现在以下 3 个方面。

1. 经济管理体制的方式的变革

随着我国经济市场化的发展，我国的经济管理体制和管理模式也经历了一系列的改革。政府逐步取消了对经济生产的指令性控制，转而让市场对生产进行制约，让企业能够自己决定产量。政府放开了对价格的管制，中介组织的出现导致政府对市场和价格的行政干预的作用下降。

2. 社会结构呈现多样化

经济市场化造成了我国社会结构呈现多样化的特点。这主要是由于经济成分和经济利益的多样化所决定的，而社会结构的多样化具体表现为社会阶层的多样化，社会阶层的多样化又会进一步推动了人们生活方式、思维模式以及行为方式的多样化。

3. 中国经济市场化成果丰硕

在经济市场化的环境之下，我国的经济市场化改革取得了重大的成果，市场开始在资源配置中发挥作用。多种所有制经济共同发展取代了单一的所有制经济形式；国有企业的市场化程度得到了明

显的提高；非国有制经济也得到了大幅增长。

（二）经济全球化

经济全球化目前已经成为世界经济发展的必然趋势，也是各国经济发展以来的外部环境。经济全球化不仅给人类的经济发展创造了条件和机会，而且给经济发展带来了前所未有的挑战和风险。

党中央明确指出，要想在社会主义初级阶段最大限度地发展经济就必须认清经济全球化给我国带来的机遇和挑战，认清经济全球化的发展现状。由此可以看出，经济全球化已经成为目前世界经济发展的特征，它是连接中国和世界的纽带与桥梁。

研究经济全球化对我国的影响，我们要注意以下 3 个问题。

1. 经济全球化对高校思想政治教育的影响

经济全球化是世界经济、科学技术高速发展的必然结果，不会以人的意志为转移。对世界来说，经济全球化已经不是一个选择，而是一个现实问题，是关于如何在公正、平等、共存的前提下实现共同繁荣的问题。

经济全球化呈现了经济发展的新特点，这会在一定程度上影响大学生的行为和思想。因此，在进行思想政治教育时，要紧扣现实，将经济全球化产生的积极意义传输给大学生，同时引导大学生避免由于经济全球化产生的消极影响。

2. 经济全球化的本质和现象

从本质上来看，经济全球化的产生基础是市场经济体制，先进的科学技术和社会生产力是经济全球化发展的手段和途径，经济效益的最大化是经济全球化的最终目标，经济全球化就是一个以国家为主体，利用发展手段，在市场经济的基础上实现经济效益最大化的过程。

从现象上来看，经济全球化就是超越国界范围的经济活动，通过对外贸易、资本流动、服务交易等实现。

3. 经济全球化对我国的影响

在经济全球化的过程中，一国的经济震动就会给其他各国带来或大或小的影响。比如，美国的经济危机就使得包括中国在内的很多国家发生了经济震荡。由于经济全球化，西方的政治强权能够对我国的政治和军事格局产生影响；同样地，由于经济全球化，我国能从西方国家处获得更多的经济发展的机会。

不难看出，经济全球化对我国的影响有积极的方面，也有存在风险的方面。中国的发展离不开经济全球化，但是在经济发展的过程中，我们要做好迎接西方文化挑战的准备。

（三）文化多样化

文化在社会的发展中和社会交往中对人们生活方式的建立和思维习惯的养成具有重要的影响作用。文化本身就是丰富多彩、多种多样的。自 21 世纪以来，人类文化的发展进入了新阶段，文化交往全球化将成为全球历史进程的必然过程。

在全球化已经在各个领域得到发展的历史时期，应尊重各民族的文化习俗，加强不同文化之间的相互尊重、相互学习，推动各种文化之间的相互融合，以促进世界范围内多样化的文化格局的形成。

随着我国改革开放的深入，科学技术的迅速进步为我国多样化文化格局的形成提供了坚实的基础。生产力的发展成为文化多样化的推动力。而社会经济成分、就业形势以及社会利益关系的多样化发展，社会精神文明生活和文化也趋于多样化。文化的多样化无疑是对广大民众日益增长的文化需求的有力回应，更是人们丰富精神世界和独特个性的生动展现。这种文化的多样性，既是改革开放伟大历史进程的必然产物，也深刻体现了我国顺应时代潮流、不断进步的坚定步伐。

具体来说，文化多样化主要表现在以下两方面。

1. 传统文化、西方文化以及当代马克思文化共同发展

文化的多样化不仅体现在国内各种文化的共存上，而且体现在国内外多种文化共同发展的特征上。当代中国的先进文化，是在继承和发扬我国优秀传统文化的基础上，代表最广大人民根本利益的文化，是以马克思主义为指导思想的文化。当然，在我国先进文化的发展过程中，难免要摒弃我国传统文化中糟粕、消极的部分，并

积极吸取国外优秀文化的精髓，从而促进我国先进文化的发展。

2. 主文化、亚文化以及负面文化的共存

文化的多样性首先表现在主文化、亚文化以及负面文化在文化市场中的共存上。主文化，是指在社会中占据主导地位的文化，体现了一国的根本价值观。亚文化，是指不在整个社会中占据主要地位，而只在特殊群体中受到推崇的文化，体现了在社会转型加速期社会价值观念的分化。负面文化，是指完全与主文化相反的文化，并且对于人们的日常生活起不到积极作用。

我国当代文化的多样化表现出传统文化、西方文化以及当代马克思主义文化共同发展的趋势。传统文化，是指在进入现代社会之前，我国经过长期的发展和历史沿革所形成的独有文化。传统文化经过长久的发展和继承，成为规范人们行为习惯的共同精神，并对人们价值观的形成和思维方式的养成具有重要的引导作用。西方文化是指最早在欧洲形成，并且逐渐在欧洲、北美洲以及澳洲等地区盛行的文化。从本质上来看，西方文化是一个个体文化，相对来说，东方文化是一种整体文化。当代马克思主义文化，是指将马克思主义联系中国实际，形成的一种具有中国特色的马克思主义文化。

在经济全球化的大环境下，社会避免不了向多极化发展的趋势，而随着科学技术的发展、各地区之间开放程度的提高以及网络时代的来临，文化多样性将是经济全球化、社会信息化等带来的必然结果。

在当今的社会环境中，文化的多样化不仅丰富了社会文化的内容，而且满足了人们对于精神文化不同层次、不同类别的需求。同时，对人们来说也是一次强烈的精神冲击，尤其对于价值观念尚未完善的大学生来说，在这样文化迅猛发展的时代，要形成科学的人生观和价值观是不容易的事情，这也给高校思想政治教育带来了挑战。

（四）社会信息化

高校思想政治教育所面临的环境变化之一就是社会信息化。随着社会的发展，科学技术不断进步，网络和电子设备已经渗透我们日常生活的方方面面。社会信息化就是科学技术全面发展的重要表现之一。社会信息化，是指通过现代技术和网络设施将信息资源充分传递到社会发展的各个方面。信息化是从有形的物质产品创造价值向无形的信息创造价值的阶段的转变，也就是从以物质生产和消费为主转向由精神生产和消费为主。

目前，我国正处于从被动应对全球社会信息化向主动发展信息化转变的关键阶段，中国的经济增长和社会发展为信息化的发展提供了基础和前提。大学生是对信息最敏感、最渴望的群体，是社会信息化的主动参与者和推动者。因此，社会信息化不仅会对大学生的思维方式产生影响，而且会给高校思想政治教育带来挑战。

二、时代变化为高校思想政治教育带来新机遇

（一）为高校思想政治教育提供新载体

随着以网络技术为核心的现代信息技术迅猛崛起，全球化进程被进一步加速，同时为高校思想政治教育注入了新的活力与载体。相较于传统的报纸、广播、电视等大众媒介，网络以其独特的魅力和显著优势，在高校思想政治教育中扮演着越来越重要的角色。

网络的优势其一在于其交互性。在这个平台上，传播者和受众可以通过多样化的软件和应用实现即时沟通，信息的反馈变得异常迅速，使受众能够真正参与到信息传播的过程中，形成了一种全新的互动模式。其二，网络的信息传播效率极高。在信息化时代，网络信息能够实时更新，甚至达到即时传播的速度，确保了信息的时效性和准确性。其三，网络的传播空间具有全球化特点。如今，网络已经覆盖了全球 200 多个国家和地区，无论身处何地，只要接入网络，就能在瞬间将信息传递到世界的每一个角落。这为高校思想政治教育提供了前所未有的便利，使得家庭与学校之间的思想教育能够无缝对接，形成家校联动的教育合力。其四，网络传播手段的多媒体化是其另一大亮点。它融合了文字、图像、视频、音频等多种传播手段，能够充分发挥多媒体技术的优势，为高校思想政治教

育提供更加生动、直观、富有感染力的教育资源，使得教育内容更加丰富多样，教育效果更加显著。其五，开辟了高校思想政治教育的新阵地。学生利用网络来了解国内外、校内外发生的事件，其日益成为高校思想政治教育的新阵地。

（二）扩大了高校思想政治教育的资源和内容

全球化中信息技术的发展使得思想政治教育者也获得了更加便利地调用各种教育资源的条件，大学生面临着一个开放的信息世界，他们可以在丰富多彩的信息世界尽情地漫游。在当今数字化时代，思想政治教育者正积极利用网络平台进行互动，以更精准地捕捉和理解教育对象的心理状态与思想动态。这种对教育资源的深度掌握与开发，使高校思想政治教育更加有的放矢，成果更为显著。

随着全球化和信息化的飞速发展，高校思想政治教育也迎来了新的要求和挑战。它不仅需要展现出开放性和国际性，更需融入丰富的时代内容。与此同时，关注个体的社会生存环境、生活质量以及尊严、道德完善和全面发展等问题，成为思想政治教育不可或缺的课题。我们尊重人类的共同规范，致力于保护生态环境，维护世界和平，并促进人类的共同发展。在信息化浪潮中，培养大学生的信息素养，增强他们的信息意识和观念，已成为高校思想政治教育的新使命。这不仅要求大学生具备获取、分析和处理信息的能力，更需要他们能够在海量的信息中明辨是非，形成独立思考和批判性思维。面对文化多样化的背景，不仅要加强和改进以马克思主义为指导的主流文化教育，还要在通识教育中融入中华民族传统文化与世界其他国家和民族文化的精髓。这有助于培养大学生的跨文化意识和全球视野，使他们在多元文化的碰撞中寻找到共融共通之处。在社会主义市场经济条件下，高校思想政治教育也应与时俱进，将市场意识、竞争意识、效率意识、平等意识、民主意识和规则意识等适应市场经济发展的观念和素质纳入教育内容。这样不仅能够使思想政治教育更加贴近实际、贴近生活，还能够增强大学生的时代感和现实感，为他们未来的职业生涯和社会生活奠定坚实基础。

（三）创设了高校思想政治教育的和平环境

改革开放四十余载的辉煌历程，使中国在全球政治、经济、文化舞台上逐渐崭露头角，承担起大国应有的国际责任。从平息国际争端、和平解决核危机，到推动双边及多边贸易的繁荣发展，中国正以其独特的智慧和力量，为世界和平与发展贡献着重要力量。在全球化浪潮的推动下，中国特色社会主义事业取得了举世瞩目的辉煌成就。这些成就不仅提升了中国的国际地位，更激发了广大民众对社会主义的坚定信念和深厚的爱国主义情感。国内民众的生活水平得到了显著提升，社会秩序井然有序，为高校思想政治教育工作的开展提供了坚实的国际基础和良好的政治环境。在该背景下，高校思想政治教育得以在和平与繁荣的氛围中蓬勃发展，为学生树立正确的世界观、人生观和价值观提供了有力支撑。

（四）开阔了高校思想政治教育的视野

随着经济一体化和互联网技术的飞速发展，高校思想政治教育的边界得到了前所未有的拓展。这一趋势客观要求我们必须以更为宏大和开放的国际视野来审视和推动高校思想政治教育的理论与实践。经济全球化的浪潮不仅唤醒了大学生的国际意识、竞争意识和进取精神，也带来了一系列复杂的国际现象和思潮。一些西方国家试图通过经济手段来维持其优势地位，并延缓中国的崛起。这些现象对大学生的思想产生了深刻的影响，同时为新时期加强国际意识教育和爱国主义教育提供了宝贵的契机。

高校思想政治教育的全球性拓展，不仅为大学生打开了更广阔的国际视野，也为我们充分利用这一新环境，推动高校思想政治教育创新提供了新的思维方式和理念。在新形势下，高校思想政治教育必须拥有宽广的国际视野，积极汲取人类文明的一切优秀成果和先进经验，以此在全球化的背景下推动高校思想政治教育的改革与发展。这不仅有助于培养具有国际视野和全球竞争力的人才，也有助于提升高校思想政治教育的质量和效果。

三、时代变化给高校思想政治教育带来新挑战

当前高校思想政治教育的外在环境概括起来存在经济全球化、经济市场化、社会信息化以及文化多样化等趋势。这些环境的变化趋势也为高校思想政治教育带来了一定的挑战。

(一) 经济市场化带来的挑战

改革开放以来，我国社会主义市场经济得到了空前的发展，社会主义市场经济体制也得到了完善和健全，市场经济的发展同样对高校思想政治教育提出了一些新的挑战，具体表现如下。

1. 国内政治、经济局势的变革

随着市场经济在中国的发展，我国国内的政治、经济形势也开始表现出新的特点。在这样的环境下，各种无论对错的社会思想应运而生，混淆人们的视听。在这些社会思想中，既有以马克思主义为指导的积极思想，也有违反马克思主义科学理论的消极思想、帮助大学生形成科学的人生观、树立正确的价值观，正确认识这些思想和观点，是高校思想政治教育工作者当下应该努力的方向。

2. 市场经济发展过程中暴露出一些弊端

在市场经济不断发展的当下，虽然我国经济和综合国力都得到了提升，但是不可否认的是，市场经济体制的发展仍然暴露出一些问题，比如，市场经济自身的局限性决定了其可能诱发拜金主义、享乐主义、利己主义等思想的出现。在这些思想对我国传统的以最广大人民群众利益为根本原则的思想造成了冲击的同时，国外资产阶级腐朽的思想文化乘虚而入，这给高校思想政治教育带来了一系列挑战。由于这些思想的出现，大学生开始出现一些不健康的心理倾向，比如投机心理等，这些心理会指引大学生养成不良的行为方式。高校思想政治教育工作者必须时刻对学生的行为和思想进行关注，发现问题时，要以正确的人生观和价值观加以引导。

(二) 经济全球化带来的挑战

无论从客观还是主观方面来理解，经济全球化都对我国高校思想政治教育造成了一定的影响，并带来很大的挑战。

从客观现实来看，经济全球化已经成为西方资本主义国家试图将西方国家的意识形态强加到世界其他国家的手段和工具；而从主观意图来看，西方国家利用经济全球化使得中国大量引进西方科学技术，目的就是"分化"中国。

在经济全球化的背景下，西方的意识形态表现出新的渗透方式，手法不断创新，并且越来越具有欺骗性。这样的状况对我国高校思想政治教育也产生了一定的影响。首先，大学生教育需要面对西方发达国家的先进科学技术以及现代化高素质的教育水平的挑战；其次，对于西方意识形态不断渗透进中国，导致我国大学生产生各种不健康、不科学、违反我国艰苦朴素优良传统的价值观的问题，高校思想政治教育也需要加大重视和解决力度。

（三）文化多样化带来的挑战

文化多样化发展也给高校思想政治教育带来了一定的挑战，主要表现在以下两个方面。

1. 对价值观念的挑战

首先，文化多样化的发展趋势对我国传统的价值观念带来了冲击。改革开放以来，社会实践推动了我国人民思想观念以及价值观念的多元化发展。市场经济的发展导致了不同利益群体的产生，这些不同的利益群体又产生了属于自己的独特的价值观念。大学生从小生长在存在不同价值观念的家庭环境和校园环境中，受到不同价值观念的影响，必然会出现价值观念矛盾的问题。同时，大众传媒的发展为这些不同的价值观念提供了传播的平台，各种文化在传播媒体上以各种各样的形式传达到大学生口中和耳中。大学生缺乏对文化优良的鉴别能力，因此会形成消极的、不科学的、违背客观规律的价值观。这就需要高校思想政治教育学科的教师在教学过程中注重对科学理论知识的传授，引导大学生纠正错误的价值观念，在形成科学人生观的基础上建立正确的价值观，指导学生更正确、客观地看待世界。

2. 对我国传统主流文化地位的挑战

文化多样性的发展趋势对于我国传统主流文化的地位也是一大挑战。经济全球化的发展以及信息化在全球范围内的蔓延，不同思想文化之间的碰撞在所难免。在任何思想文化交流、互动的过程中，总是处于高势位的文化掌握着交流的主动权。这种交流形式决定了文化交流的不平等性。

在世界文化交流的过程中，我国文化并不是处于高势位的一方，因此在文化交流的过程中不可避免地会被西方主流文化控制。因此，在高校思想政治教育中，我们要重视大学生对思想文化的认识和理解，帮助他们建立起对中国传统的民族文化的自信，以防止文化多样性导致的我国传统文化社会边缘化的现象。

（四）社会信息化带来的挑战

社会信息化改变了人们获取信息的方式，作为社会信息化发展较先进的西方国家，信息技术和网络技术的发展成为其谋求在国际社会上更高的社会地位的工具和手段。而对于我国来说，如果一味容忍西方国家利用技术方面的优势对我国的社会秩序进行干扰，将有害信息传播到我国，那么就会给大学生带来强烈的冲击，大学生会面对与他们价值观念完全不相符的信息和消息，在这样的情况下，维持大学生价值观念的稳定，引导大学生形成科学的世界观、人生观、价值观，正确认识这些信息就显得尤为重要。

信息化进程的推进使人们获取信息的途径变得广泛、方式变得先进。信息传播的方式也逐渐向多样化发展。在高校思想政治教育中，由于社会信息的广泛传播，大学生接收到的信息可能会存在很大的差异，这就会导致大学生越来越具有自己的个性，形成属于自己的行事风格和思维方式，这对高校思想政治教育提出了极高的要求，那么，怎样面对价值观念和认识世界的方式完全不同的大学生，并给他们的人生提出建议和帮助？

网络是一把"双刃剑"，互联网技术的不断发展导致了相关的法律规范制度并不能完全跟上节奏，这就会造成很多大学生在网络环境中出现行为不规范以及心理异常等问题。在网络环境中管理力度的薄弱使得网络行为得不到有效制约和监管,纵容了某些大学生自我意识的膨胀和道德责任的缺失。这些问题都是高校思想政治教育队伍需要考虑和面对的问题。

第二节 高校思想政治教育的基本内涵

一、高校思想政治教育的概念

思想政治教育是一项至关重要的教育实践,其核心在于对人的全面塑造与改造。在高校层面,这种教育活动承载着明确的社会责任和目标,意味着高等院校要根据社会的期望和需求,精心设定人才培养目标,并通过一系列系统、有序的教育计划,旨在培育学生的价值观念、品德修养、政治觉悟、理想信念和心理素质。这一切的努力,都是为了让大学生能够投身于符合社会期望的社会实践活动中。

我国社会主义高等学校的核心使命是培养能够全面发展的、能够胜任祖国建设事业的合格接班人。大学生作为国家的未来和希望,他们的思想道德素质直接关系到国家的繁荣稳定,其科学文化素质则直接影响着民族的复兴与发展。作为中国特色社会主义事业的中坚力量,大学生的素质和能力对于实现中华民族"中国梦"具有举足轻重的意义。因此,高校思想政治教育的重要性不言而喻。它运用马克思列宁主义、毛泽东思想、邓小平理论、"三个代表"重要思想、科学发展观以及习近平新时代中国特色社会主义思想作为教育的基石,旨在引导大学生坚守社会主义道路,树立崇高的理想追求,培养高度的社会责任感和使命感。通过这一教育过程,致力于培养出既有理想又有道德、既有文化又有纪律的新一代青年,为国家的繁荣和民族的复兴贡献青春和力量。

二、高校思想政治教育相关概念阐释

在高校思想政治教育中,绝大多数概念都有明确的含义,但有些概念的含义不太明确，在某种语境下可能还是相同的。这往往会给实际使用造成麻烦。为了求得对这些概念的准确使用，有必要对它们的内涵进行探讨。

（一）高校政治工作与高校思想工作

"政治工作"一词产生于20世纪初，据学者考证，是由俄国布尔什维克党的创始人列宁首次提出的。"十月革命"一声炮响给中国送来马克思列宁主义的同时，"政治工作"的概念也由此传入中国。

政治工作，是指一定的阶级、政党、团体为实现自己的政治纲领和政治任务而进行的活动。中国共产党的组织工作、干部工作、宣传工作、群众工作、统战工作、纪检工作、党风廉政工作等工作，都属于中国共产党政治工作的范畴。

高校政治工作是高校的党组织为实现党的政治纲领和政治任务而在大学生中进行的政治活动。高校政治工作是大学政治工作的重要组成部分。

高校政治工作往往需要结合具体的工作活动一起进行，把政治工作渗透到具体的工作活动中，克服高校政治工作与工作活动"两张皮"的问题。这种"渗透"还是一种思想政治工作的方法，通过这种方法，可以使大学生在潜移默化中受到思想政治工作的影响，以实现党的思想政治工作的目的。

高校思想工作，是指教育者根据我国社会主义发展的要求和工作职责，通过一定的方法和途径帮助大学生转变思想观念的一种思想政治活动。通过做大学生的思想政治工作，可以使大学生的思想由不通到通，由模糊到清晰，思想觉悟水平由较低层次提升到较高层次等。

高校思想工作可以分为政治性的思想工作和非政治性的思想工作，临时性的思想工作和经常性的思想工作，群体性的思想工作和个体性的思想工作，职业性的思想工作和非职业性的思想工作，等等。

在我国社会主义的政治环境下，不少思想工作是政治性的思想工作。在以"阶级斗争为纲"的岁月里，人们要"讲政治"，人们的思想行为往往与政治如影相随。在改革开放的年代里，在建设中国特色社会主义的进程中，人们也要"讲政治"，这样才能把人们的思想认识统一到改革开放上来，统一到建设中国特色社会主义的伟大事业中来，从而形成推动我国社会主义又好又快发展的巨大力量。于是，"讲政治"成了许许多多中国人日常工作、学习和生活的一部分。所以，政治性的思想工作成了我国社会生活的一大特色。这种情况必然要反映到高校思想政治教育工作中来，使许多的大学生思想政治工作活动带有鲜明的政治性。例如，思想政治理论课的教学，以及学生的党、团课教育等，这些思想政治教育工作活动都具有鲜明的政治性。

尽管如此，高校政治工作和高校思想工作仍然是两个相互区别的概念。虽然高校政治工作包含有思想工作，但并不是所有的政治工作都包含有思想工作。导致大学生思想问题产生的原因，可能是由政治性的因素引起的，也可能是由非政治性的因素（如思想方法、心理因素、生活习惯以及认识上的因素等）引起的。如果思想问题是由政治性的因素而引起的，解决这种思想问题自然就是政治工作的任务；如果思想问题是由非政治性的因素而引起的，解决这种思想问题便是思想工作的任务了。因此，不能把政治性的思想工作泛化了。针对大学生所做的不少日常思想工作是非政治性的思想工作，政治性的思想工作只是整个高校思想政治教育工作中的一部分。

高校思想工作不等同于高校政治工作，高校思想工作和高校政治工作加起来，自然也不会是大学生思想政治工作。如果这样，就会使大学生思想政治工作这一概念的外延过大，在工作实践中会造成职责的混淆，不利于大学生思想政治工作的开展。因为，大学生思想政治工作只是高校政治工作的一部分。大学生思想政治工作就是高校政治工作中的思想性部分和高校思想工作中的政治性部分的有机融合。一般而言，凡纯属非政治性的具体思想和行为，如纯属大学生学习中的具体思想和行为，纯属大学生个人私生活方面的具体思想和行为，一般都不应列入大学生思想政治工作领域。对这些方面的问题，理应由大学生自己去判断、选择和解决。但是，大学生非政治性的思想问题如果与政治相关联，教育者就要首先帮助大学生解决非政治性的思想问题，以创造解决大学生政治性思想问题的条件。例如，大学生在学习和生活中会遇到很多具体问题，如学习方法问题、学习毅力问题、学习挫折问题等，帮助大学生解决这些具体问题，往往能为开展对大学生的思想政治教育工作创造有利的条件。

（二）大学生思想政治品德和大学生思想政治素质

大学生思想政治品德，作为他们个人修养的集中体现，涵盖了社会主义发展所要求的思想品质、政治品质、法纪品质、道德品质以及心理品质。这种品德并非孤立存在，而是体现在他们稳定的心理特点、思想倾向和行为习惯之中。

深入剖析可以发现，大学生思想政治品德的结构是一个多维度的立体框架，由心理、思想和行为三个核心子系统构成，并相互交织影响。这个结构不仅仅是简单的元素堆砌，更是各要素间复杂而精细的相互作用方式。

第一，心理是大学生思想政治品德形成的基石。从认知、情感、信念、意志到行动，每一个心理过程的变化都是品德形成的起点。心理因素的发展变化不仅为品德形成提供了基础，更是推动其发展的动力。在兴趣、性格、气质和能力的个性心理特征中，也能窥见大学生思想政治品德的独特色彩。

第二，思想是大学生思想政治品德的核心。它像一座桥梁，连接着心理与行为，不仅制约着心理发展的方向，更支配着大学生的行为活动。思想中的世界观、人生观、政治观、道德观等，尤其是政治思想，更是大学生思想政治品德社会内容的集中体现，决定了其社会性质和方向。

第三，行为是大学生思想政治品德的外在表现，也是高校思想政治教育的最终追求。行为不仅是大学生思想政治品德的直观展现，更是评价其优劣的重要标准。培养良好的思想政治品德行为，是高校思想政治教育最直接、最根本的目标。

在大学生思想政治品德的形成和发展过程中，心理、思想和行为三者相互影响、相互转化。这种发展通常遵循从心理到思想，再到行为和习惯的顺序。而在这个过程中，世界观的转变是最为关键的，其站在整个结构的最高层次，引领着大学生思想政治品德的全面提升。

（三）大学生思想政治工作与高校思想政治教育

大学生思想政治工作以马克思主义的科学理论为基石，其核心在于深入研究并有效运用大学生的思想活动规律，从而提升他们理解世界和改造世界的能力。在我国，思想政治工作与中国共产党的工作紧密相连，是党的工作体系中不可或缺的一环。特别是在高校环境中，大学生思想政治工作更是在学校党委的坚持领导下，成为党的思想政治工作的重要组成部分。

大学生思想政治工作旨在通过宣传教育、组织动员等手段，引导大学生为实现党的纲领和任务而不懈奋斗。其坚持以马克思主义、毛泽东思想以及中国特色社会主义理论体系为指导，具有鲜明的党性、实践性和群众性特征。同时，这一工作也具备科学性，积极借鉴了心理学、教育学、伦理学、法学、政治学、社会学、管理学等多学科的理论成果，并遵循客观的工作规律，运用了科学的方法论。

高校思想政治教育则是教育者根据我国社会主义发展的实际需求以及高校思想政治教育的规律，有计划、有组织地培养大学生思想政治品德的一项社会实践活动。

在理解大学生思想政治工作与高校思想政治教育的关系时，我们需要注意两者虽然密切相关，但并非完全等同。尽管在很多情况下，这两个概念可以通用，但仔细辨析，可以发现它们之间存在一定的差异。大学生思想政治工作是一个更为宽泛的概念，包含了高校思想政治教育的核心要素，但并非仅限于此。从逻辑关系上来看，高校思想政治教育是大学生思想政治工作的重要组成部分，而非其全部内容。因此，可以说两者之间存在从属关系，而非简单的并列关系。

三、高校思想政治教育的目标

高校思想政治教育是为了培养德智体美全面发展的社会主义合格建设者和可靠接班人。社会主义事业的建设者和接班人是对社会主义劳动者的统一要求，即在社会主义建设中是合格的建设者，在社会主义革命事业中是可靠的接班人。具体而言，主要体现在以下三个方面。

（一）培养德智体美全面发展者

德智体美全面发展是高校思想政治教育的目标内涵的体现，即是通过对大学生进行德育、智育、体育、美育等方面的教育，达到大学生德智体美诸方面的全面发展。

德即品德，是大学生全面发展诸方面的主要组成部分，是指教育者按照一定社会的要求，有目的、有计划、有步骤地对大学生施加思想、政治和道德等方面的影响，大学生通过积极的认知与践行，从而形成一定社会所需的品德。良好的品德能确保大学生沿着社会所期望的方向发展，不仅是大学生智、体、美方面发展的保证，也是推动大学生智、体、美方面发展的动力和能源。

智即才智、智力，是大学生全面发展的重要的基本组成部分，是指教育者有目的、有计划、有组织地向大学生传授的系统的文化科学知识和技能。智是大学生从事社会主义建设的实际本领，是能否成为对国家有用的人才的重要基础。要使大学生具有高尚的情操、崇高的理想、健康的审美情趣、科学的卫生保健知识，必须依靠知识技能的储备和智力的支持。

体即身体，是大学生全面发展的基本组成部分，体育是指教育者向大学生传授有关的基本知识、技术和技能，以身体练习为基本手段，发展身体，增强体质。身体是大学生全面发展的生理前提，是智力活动和其他一切活动的基础。大学生的身体素质具有先天遗传性和个体差异性，健康的体魄是大学生全面发展的基础和保障，是大学生为人民服务的基本条件，是中华民族旺盛生命力的体现。

美即审美观，是大学生全面发展中不可缺少的组成部分，是指教育者通过各种艺术以及自然界和社会生活中的美好事物进行审美教育，使大学生具有正确的审美观以及认识美、鉴赏美和创造美的能力，同时具有高尚的情操和文明的素养。

（二）培养社会主义的合格建设者

高校思想政治教育的核心目标之一，是精心培育大学生成为社会主义新时代的杰出建设者。这些建设者不仅需要在德、智、体、美各方面全面发展，更需在创新和社会责任两大关键领域展现卓越能力。

创新能力是新时代合格建设者的核心素质。在知识经济和科技飞速发展的今天，创新已成为国家繁荣和社会进步的不竭动力。大学生作为未来社会的中坚力量，必须具备勇于探索、敢于创新的精神。高校作为培养创新型人才的重要基地，应着重培养学生的创新思维和实践能力，确保他们在科技创新领域能够发挥引领作用，为社会主义事业的蓬勃发展注入源源不断的活力。

强烈的社会责任感是新时代合格建设者的必备品质。社会责任感体现了个体对社会的深切关怀和无私奉献精神。大学生作为国家的未来和希望，更应肩负起推动社会进步、服务人民福祉的重任。高校在培养学生专业技能的同时，还应注重培养他们的社会责任感，引导他们树立正确的价值观和人生观，以国家和人民的利益为重，积极投身于社会建设和发展的伟大事业中。

对于高校来说，应全面加强思想政治教育工作，通过科学的教育方法和有效的实践途径，培养大学生成为具备创新能力和强烈社会责任感的新时代合格建设者。这不仅是对大学生个人成长的期望，更是对社会主义事业发展的迫切需求。

（三）培养社会主义的可靠接班人

高校思想政治教育的核心目标不仅仅是培养社会主义的合格建设者，更是针对那些先进分子和骨干力量，在政治立场和理想信念上提出更为严格和崇高的要求，旨在将他们塑造为新时代的社会主义领军人才。

首先，这些领军人才必须拥有坚定的马克思主义立场、观点和方法。立场是一个人看待和解决问题的根本出发点，决定了人的观点和态度。因此，大学生应自觉树立马克思主义立场，这是他们成为社会主义领军人才的根本保障。马克思主义作为科学的世界观和方法论，揭示了人类社会的发展规律，是我们认识世界、改造世界的强大武器。只有深入学习和掌握马克思主义，才能确保我们在新时代的征程中不迷失方向。

其次，这些领军人才需具备崇高的理想信念。理想信念是人生的精神支柱，引导人们走向正确的道路，实现自我价值。对于大学生来说，他们肩负着全面建设小康社会、实现中华民族伟大复兴的历史重任。因此，他们必须树立崇高的理想信念，将个人的追求与国家和民族的命运紧密相连。只有这样，他们才能在新时代的征程中勇往直前，为实现中华民族的伟大复兴贡献自己的力量。

第三节　高校思想政治教育现状分析
——以贵州高校为例

随着我国教育事业的蓬勃发展，高校思想政治教育工作取得了显著成就，但不容忽视的是，在新时代背景下，这项工作也遭遇了一些挑战和困难。以贵州省为切入点，我们将通过深入分析其特有的教育环境和面临的问题，以期探索出普遍性的对策和思路，推动高校思想政治教育工作的持续发展与创新。我们期待通过对贵州高校的剖析，能够为全国高校思想政治教育工作提供有益的借鉴和启示。

一、贵州高校思想政治教育总体成效

近年来，贵州各大高校在加强大学生思想政治素养方面取得了显著的成果。具体来说，主要表现为以下三个方面。

第一，学生整体的思想政治素养有了显著提升。通过学生党团

日活动的深入开展、党政宣传的加强、校园文化作品的创新积累以及学生入党积极性的高涨，学生对国家和社会的建设成就有了更高的认同，对危害国家利益的行为有了更清晰的辨识能力，对自己的理想信念有了更坚定的追求，对将来投身国家建设的愿望也更加强烈。

第二，校园内形成了浓厚的思想政治素养培育氛围。在贵州各大高校，党委系统主导、各院系党团组织负责实施的思想政治教育模式得到了有效实施。在这种模式下，领导重视、教师负责、学生自觉，形成了良好的思想政治教育教学氛围，为提升学生的思想政治素养提供了有力保障。

第三，校园网络思想政治教育的软硬件基础设施日益完善。贵州的大部分公办高校在思想政治教育领域投入了大量资金，不仅加强了网络思想政治平台的建设，还推出了精品思想政治课程，并制定了保障性规范方案。这些举措为学生提供了更加丰富多样的学习资源和更加便捷的学习方式，进一步提升了思想政治教育的效果。

二、网络环境下的贵州高校思想政治教育

在当前网络环境下，贵州高校在思想政治教育领域取得了显著的进步。依托先进的网络技术、信息技术和融媒体平台，贵州高校为大学生群体提供了多样化的思想政治教育方式和途径，积累了丰富的实践经验，并取得了积极成果。

（一）贵州高校网络思想政治教育的总体发展状况

1. 贵州高校借力新媒体资源，创新思想政治教育平台

近年来，贵州多所高校紧跟时代步伐，广泛利用网络新媒体资源，为思想政治教育搭建起崭新的平台。通过将思想政治素质培养、思想政治课教学与学生实践活动深度融合，这些高校成功打造了综合性的教育渠道，营造出多样化的教育场景，并在此过程中积累了宝贵的资源。特别是在思想政治理论教学与学科竞赛的结合上，贵州高校不仅注重前期的比赛宣传，还将后期复赛、决赛的现场效果与线上互动巧妙地融入学生的日常生活中。新颖的视频宣

传、多平台 H5 技术的运用，让学生耳目一新，并积极投入其中。无论是宏大的优秀传统文化、国家大政方针、理想信念，还是细微的为人处世、自我提升等内容，都通过新媒体技术以学生们喜闻乐见的方式呈现，更加贴近他们的接受和认知特点，从而取得了显著的教育效果。

2. 网络环境促进"教"与"学"的深度互动

在贵州的众多高校中，大学生思想政治素质的培养过程正日益融入信息化、网络化和科技化的资源与环境中。这种融合不仅打破了传统教学中"老师主讲、学生聆听"的单向模式，更促使"教"与"学"的主体之间建立了良性的互动机制。通过全程参与和平等交流的教学氛围，使师生双方在教学互动和实践互动中获得了同等的话语权，学生的获得感也显著增强。网络为学生提供了海量的信息、观念和技术资源，他们可以在这里不断学习新媒体传播的新思想、新观念和新话语。与此同时，教师也在新媒体语境中与学生一同成长，共同提升素质、开阔眼界。这种新型的教学关系强调实时沟通、良性互动和互助互学，不仅使思想政治教育更加生动、有趣，也极大地提高了学生的学习积极性和参与度。在贵州高校中，这种网络环境下的教学模式正在成为推动大学生思想政治素质提升的重要力量。

3. 网络环境下思想政治教育实现了开放性与政治性的高度融合

在网络环境下，贵州多所高校成功将思想政治教育的开放性与政治性相结合，取得了显著效果。这些高校充分利用网络平台的技术优势与资源，将思想政治教育的环境从局限的校园空间拓展至广阔的互联网领域。通过校园思想政治网课平台、微信小程序平台以及 H5 技术等具有高度开放性和包容性的渠道，高校不仅凸显了思想政治教育的多样内容和独特形式，更突出了其政治性和方向性。这种开放性与政治性的融合，满足了学生多样化、多途径、多时空接受思想政治教育的需求。学生普遍认为，网络环境的开放性有助于他们引进和吸收世界先进成果，促进个人发展；而其中的政治性则确保了思想政治教育在复杂多变的网络环境中能坚持正确的方向和原则。

以贵州大学、贵州医科大学、遵义医科大学等为代表的高校，在大学生思想政治素质教育中紧跟时代步伐，紧密结合当代中国政治、经济及文化等发展态势，与时俱进地确定教育目标和内容。这些高校的思想政治教育内容和目标紧密贴合国家社会发展实际，与新时代中国特色社会主义的经济社会发展目标保持高度一致，充分体现了党中央关于新时期高校意识形态工作的指导精神。

贵州各大高校积极借助国家和省级思想政治教育网络平台以及校园思想政治课系统，为学生提供了便捷的思想政治教育网络环境。这不仅为学生顺利接受思想政治教育提供了有力支持，也充分展现了思想政治教育政治性的本质特征。长期坚持多元化的网络教育途径，使得政治性成为贵州高校思想政治教育环境特别是网络环境的重要特征，推动了高校思想政治教育方法和观念的革新，有效提升了学生的思想政治素质。

4. 网络环境下思想政治教育实现了教育性与平等性的深度融合

在贵州多所高校的共同努力下，校园网络环境得到了显著的优化和升级，以充分发挥网络技术平台在思想政治教育中的核心作用。这种对网络环境的重视和改造，凸显了网络教育环境在推动学生思想政治教育工作中的重要性。

通过网络途径，贵州各大高校不仅增强了网络思想政治教育在整体高校思想政治教育目标中的服务性，也有效提升了学生的思想政治素养。在校园网络环境的策划与建设中，高校不断加强思想政治教育内容建设，确保网络成为"教育"的有力平台。同时，这些高校致力于培养师生间的平等观念，不仅在教育、教学、学习、交流、探讨等各个环节中强调平等性，更在学校的思想政治教育网络环境中实现了信息交往主体身份的真正平等。在网络平台上，无论是网络思想政治课堂、论坛，还是 QQ、微信等教育空间，师生都以平等的地位出现，进行平等交流和互动。这种教育性与平等性的深度融合，使得贵州各大高校的思想政治课教学工作得以顺利开展，并取得了显著成效。学生受教育效果日益明显，全面提升了学生的思想政治水平。

（二）贵州高校网络思想政治教育存在的问题

1. 缺乏网络思想政治教育的经验

当前，贵州高校在推进网络思想政治教育的过程中面临着一系列挑战，主要源于经验的不足。具体来说，主要表现在以下三个方面：第一，由于地处西部地区，贵州高校在网络思想政治教育方面相较于东部发达地区存在明显的滞后。这不仅体现在教育资源的分配上，更体现在教育理念的更新和实践经验的积累上。第二，从学校管理的层面来看，贵州高校普遍缺乏专门从事网络思想政治教育管理的人员，导致对现有队伍的管理存在疏漏。同时，在人才招聘和培养上，也缺乏针对网络技术和思想政治专业技术的综合性人才。这既影响了网络思想政治教育的有效开展，也限制了其向更高水平发展的可能性。第三，从教师队伍建设情况来看，贵州高校普遍缺乏既懂思想政治理论专业知识又精通网络技术的复合型人才。老一辈教师对于网络技术的运用较为生疏，而年轻教师虽有一定的网络技能，但缺乏丰富的教学经验。此外，由于缺乏定期的经验交流和集体备课，教师之间的知识共享和教学方法的相互借鉴也受到限制。

面对这些挑战，贵州高校需要积极寻求解决之道。一方面，可以从发达地区引进先进的网络思想政治教育理念和实践经验，结合本地实际情况进行创新和融合。另一方面，需要加强校内外的交流与合作，通过组织研讨会、经验分享会等形式，促进教师之间的经验交流和知识共享。值得注意的是，慕课教学等新型教学模式的尝试为贵州高校网络思想政治教育的发展提供了新的思路和方法。这些教学模式不仅具有高度的灵活性和互动性，还能有效激发学生的学习兴趣和积极性。贵州高校应继续探索和创新网络思想政治教育的内容、方法和评价机制，以适应新形势下思想政治教育的需求。

2. 网络思想政治教育师资力量薄弱

在贵州部分高校中，大学生思想政治教育工作队伍在网络素养方面存在明显不足。当前的工作队伍主要由学校党政干部、共青团干部、思想政治理论课教师、辅导员和班主任等组成，他们普遍缺乏既精通思想政治教育又掌握网络技术的综合性人才。由于思想政治教育学科本身具有高度的阶级性、实践性、科学性和综合性，因此对教育者的素质提出了高标准。然而，现实中不少从事网络思想政治教育的教师素质与这一要求存在差距，他们仍沿用传统的教育模式进行教学，未能适应网络信息时代下的教育需求。在没有网络的时代，教师的权威地位得以稳固，因为学生获取信息的主要途径依赖于教师的讲授。但如今，随着网络信息的广泛传播，学生能够在网络环境中自由获取知识和答案，有时甚至能够接触到比课堂内容更为丰富和前沿的信息。这种变化导致教育者的权威性在一定程度上被削弱。特别是在贵州的高校中，一些老教师因对网络技术的掌握不足，难以有效利用网络平台进行思想政治教育，从而影响了教育的实效性。这一现象亟待改善，以应对网络信息时代给思想政治教育工作带来的新挑战。

3. 网络思想政治教育载体建设滞后

当前，贵州高校网络思想政治教育载体建设的步伐显然滞后于时代的发展。尽管我们拥有包括思想政治教育网站、QQ、微信、微博、抖音、快手、小红书等在内的多种网络媒介作为教育工具，但实际应用和效果却不尽如人意。由于缺乏专业的网络思想政治教育团队，许多兼任此项工作的教育工作者在运用这些媒介时显得力不从心，无法充分发挥其潜力。即便有学生尝试通过这些渠道与教师进行交流，也往往会因为回应不及时而失去耐心。

为了改善这一状况，贵州高校需要加大对网络思想政治教育载体建设的投入。首先，应建立专门的团队，负责网络思想政治教育内容的策划、制作和更新；其次，丰富网站内容，增加视频类资源和互动性强的栏目，以吸引学生的关注；最后，积极利用各类网络媒介与学生进行互动，及时回应学生的问题和需求，提高教育的针对性和实效性。只有这样，我们才能确保网络思想政治教育在贵州高校中真正落到实处，发挥其在培养学生思想政治素质中的重要作用。

4. 网络思想政治教育内容缺乏吸引力

网络思想政治教育内容涵盖了网络文化、网络伦理、网络心理、网络法制等多个方面。然而，如何确保这些内容对大学生具有持久的吸引力，是摆在我们面前的一大挑战。目前，我们主要依赖思想政治教育网、校园网、精品课程网、QQ、微信和微博等网络媒介作为网络思想政治教育内容的载体。如何充分利用这些平台，创新内容和形式，使之更加贴近学生、更具吸引力？是我们需要深入思考的问题。

贵州高校，作为阳明文化的发源地与民族风情的聚集地，拥有得天独厚的资源来对网络思想政治教育的内容进行创新。我们应积极探索如何巧妙融合阳明文化与贵州特色的民族风情，从中找寻与贵州实际情况紧密衔接的网络思想政治教育的新途径。以贵州师范大学为例，该校不仅成立了贵州阳明文化研究院，还在学报上开辟了"阳明文化研究"专栏，为专家、学者们提供了深入研究的平台。然而，我们可以进一步思考：是否可以将这些宝贵的研究成果通过网络载体进行广泛传播，使之成为网络思想政治教育内容的有机组成部分？在推广阳明文化的过程中，必须坚守三个核心原则：确保信息的准确性，以历史为依据，避免误导；注重其现实价值，将其与当代大学生的成长需求相结合；采用大众化的表达方式，使内容更加通俗易懂，易于被大学生接受和理解。

当前贵州高校在网络思想政治教育内容体系的构建上还存在一些短板。例如，精品课程资源开发尚显不足，"微课"和"慕课"等现代化教学模式的建设尚处于初级阶段，网上心理咨询室也尚未建立。此外，关于网络文化、网络安全、网络道德、网络法制等方面的教育内容也相对薄弱。面对这些问题，我们必须不断创新和进步，努力构建具有贵州特色的网络思想政治教育内容体系。因此，需要根据不同的教育内容，选择科学合理的教育方法和形式，确保教育内容的丰富性和教育形式的多样性。这些问题和挑战都需要在教育实践和教育研究中不断探索和解答，以期推动贵州高校网络思想政治教育工作的持续发展和进步。

5. 网络思想政治教育缺乏必要的评价机制

在贵州高校的网络思想政治教育中，一个显著的问题是缺乏全面而必要的评价机制。当前的评价体系存在明显的不足，主要体现在评价主体单一、评价过程简化，以及评价方法缺乏创新和多样性上。这种不足使得网络思想政治教育的实际成效难以得到真实、全面的反映。具体来说，主要表现在以下四个方面。

第一，当前的评价体系在指标考量上显得过于狭窄，主要集中在对学生的知识掌握层面，而忽视了对学生思想认识、思辨能力、学习态度、文化素养、网络素养等多维度的综合评估。这种评价方式显然无法全面反映学生在网络思想政治教育中的成长和进步。第二，评价主体过于依赖教师的单一评价，缺乏学生的自我评价、学生对教师的评价、教师之间的互评以及专家组的评价。这种单方面的评价模式不仅难以保证评价的公正性和客观性，也抑制了师生之间的有效互动和反馈。第三，贵州高校的网络思想政治教育评价多停留在传统的静态评价过程中，未能有效结合动态评价的优势。动态评价能够实时追踪学生的学习进步和成长变化，促进师生之间的有效沟通和反馈。然而，目前贵州高校的评价体系在这方面的应用明显不足。第四，评价方法的创新性和多样性也是当前评价体系的一个短板。在评价技术和方法的研究上，贵州高校还有待加强，以确保评价的客观性和公正性。

为了改进贵州高校网络思想政治教育的评价机制，需要构建一个多元化、科学化的评价体系。这包括增加评价主体，如引入学生自评、师生互评和专家评价；丰富评价指标，全面考量学生的多维成长；引入动态评价过程，实时追踪学生的学习进步；加强同行和专家组的监督，以确保评价的公正性和客观性。同时，需要加强评价技术和方法的研究，推动评价体系的创新和发展。只有这样，才能确保网络思想政治教育的质量得到有效提升，为学生的全面发展提供有力支持。

第四节　高校思想政治教育的任务与特点

高校思想政治教育的任务和特点，深刻反映了其教育目标和教育本质，不仅为高校思想政治教育指明了方向，规范了教育内容，而且对高校思想政治教育的实施途径和方法产生了深远影响。并且作为高校思想政治教育活动的基石，高校思想政治教育的任务和特点也是理论研究的关键领域。

一、高校思想政治教育的任务

高校思想政治教育的核心目标在于，塑造学生成为具备高尚道德、丰富知识以及强健体魄的全方面发展人才，这些人才不仅要精通专业技能，更要具备坚定的社会主义信念和红色基因。这一目标贯穿于高校教育的每一个阶段，从根本上决定了思想政治教育的基本任务。而这项任务，实际上正是高校思想政治教育需要解决的核心问题，以及所要承担的重要责任。

（一）用共产主义思想体系教育大学生，提高他们的思想政治觉悟

鉴于我国高等教育的社会主义性质，其育人目标必然聚焦于培养具备坚定社会主义信念和共产主义理想的青年人才。为此，高校思想政治教育工作应将共产主义思想体系作为核心指南，不断强化大学生的社会主义和共产主义思想自觉。共产主义思想体系教育内容丰富而深邃，涵盖马克思主义基本理论、共产主义理想与信念、道德建设、社会主义主人翁意识与集体主义精神、社会主义权利义务观念与组织纪律教育，以及为人民服务的奉献精神和共产主义劳动态度等多个方面。其中，尤为关键的是通过马克思列宁主义、毛泽东思想和习近平新时代中国特色社会主义思想理论体系的教育，为大学生筑牢思想之基。这一过程不仅是对知识的传递，更是对灵魂的洗礼。旨在帮助大学生构建科学的世界观和人生观，学会用马

克思主义的立场、观点和方法来洞察世界、分析问题、解决问题。通过这一教育过程，期望培养出能够自觉投身于社会主义事业，为实现中华民族伟大复兴的中国梦贡献青春力量的新时代青年。

对大学生进行共产主义思想体系的教育，既是社会主义、共产主义事业的需要，也是大学生健康发展的自身需要。共产主义思想体系是人类历史上最进步、最科学的精神财富和理论瑰宝，我们党用它培养人、教育人是有着光荣传统的。坚持用共产主义思想体系教育大学生，才能使他们在现阶段的共产主义实践中认清历史发展的规律，提高对无产阶级的历史地位和历史责任的正确认识，逐步用共产主义世界观认识问题和处理问题；才能提高他们识别和抵制非无产阶级思想侵袭腐蚀的能力，使他们在两种思想体系的斗争中通过比较和鉴别，经受锻炼，获得政治上、思想上的进步；才能教育大学生用共产主义精神对待学习、工作和生活，将革命理想和奉献精神结合起来，努力使自己成为德、智、体全面发展的社会主义建设人才。

（二）对大学生进行针对性思想教育，帮助他们健康成长

大学生正处于身心发展的关键阶段，他们思想活跃，充满好奇心，但往往由于经验的不足，辨别能力尚未成熟。在观察事物时，可能会受表面现象的影响，难以全面、深入地理解问题的本质。这种不成熟的心理状态使得他们既怀有对现状的不满和对变革的渴望，又容易因急于求成而忽略实际操作的细节。大学生怀揣着对未来的憧憬，渴望展现自己的才华和潜力。然而，在追求梦想的过程中，他们可能会因为过于情绪化而做出冲动决定，导致动机与效果之间出现偏差。一旦遭遇挫折，他们可能会感到沮丧和失落，甚至陷入消极的情绪中而难以自拔。针对这些普遍存在的思想认识问题，需要从理论和实践两个方面出发，给出具有说服力的解答。在理论上，应结合大学生的实际情况，引导他们正确理解社会现象和人生问题，帮助他们树立正确的价值观和人生观。在实践上，应该鼓励大学生积极参与各种实践活动，通过亲身体验加深对理论知识的理解和运用。同时，对于大学生在日常学习、工作、生活中出现的思想问题，应及时关注并进行个别教育。通过倾听他们的心声，了解他们的困惑和疑虑，依次来为他们提供有针对性的指导和帮助，帮助他们解决思想问题，促进他们的健康成长。

具体来说，对大学生进行针对性教育，主要有以下四个方面：一是解决不同时期学生中的倾向性思想问题，为完成党的任务铺平道路；二是解决通过一人一事反映出来的思想问题，"防患于未然"，把问题解决在局部，调动每一个学生的积极性；三是注意做好后进学生的转化工作和失足学生的帮教工作，使后进向先进转化，失足者得到挽救和苏醒；四是及时协调学生之间以及学生与教师、学校之间的关系，妥善处理各种矛盾，保持学校安定团结的政治局面，等等。

通过实施及时且针对性的思想教育，旨在解答大学生心中的疑惑，帮助他们抵御错误思想的侵蚀。这种教育不仅培养了他们正确认识和解决问题的能力，还提高了他们在面对选择时做出正确行为决策的能力。在此过程中，要鼓励大学生面对各种挑战时保持坚韧不拔的精神，激发他们的学习热情、工作动力和生活创造力，促进大学生思想觉悟的显著提升，引导他们成为在道德、智慧和体魄方面全面发展的社会主义建设栋梁之材。

（三）保证学校的社会主义办学方向和培养目标的实现

高校作为培育人才的摇篮，肩负着培养德、智、体、美、劳全面发展的社会主义建设者和接班人的神圣使命。这些未来社会的中坚力量，他们的思想道德和科学文化素质，将深刻影响 21 世纪中国的风貌，并直接关系到我国社会主义现代化建设的成败。因此，确保学校坚定社会主义办学方向，并全面实现育人目标，成为高校思想政治教育工作的重中之重。

我国的教育事业是人民的事业，始终与党和国家的伟大事业紧密相连。自新中国成立以来，党就制定了明确的社会主义教育方针，为学校教育指明了前进方向。高校思想政治教育工作的核心，就是要确保这一方针的贯彻落实，坚守社会主义办学方向，确保学校教育目的的实现。为实现这一目标，高校思想政治教育工作需持续深化共产主义思想体系教育，为大学生筑牢思想政治理论基石。这不仅是塑造他们高尚品德的需要，更是统一思想、凝聚力量的关键。通过深入的思想教育，可以帮助大学生解决在现实生活中遇到的各种思想问题和实际问题，激发他们的学习热情、创造性和积极性，促进他们在德、智、体、美、劳等方面的全面发展。最终，期望培养出有理想、有道德、有文化、有纪律的社会主义建设者和接班人，他们将成为推动社会主义现代化建设的重要力量，为实现中华民族伟大复兴的中国梦贡献青春与智慧。

二、高校思想政治教育的特点

在新时代语境下，深入理解和把握高校思想政治教育的特点，是确保其能够适应师生的思想实际和需求，增强教育的针对性和实现教育目标的关键。

（一）人本性

人本性，即以人为本的思想观念，已成为社会的普遍共识。这种思想源于对人类社会存在与思想活动关系的深刻认识。人的思想观念和活动，归根结底是对物质生活和生产活动的反映。满足人的物质需求以及与之相应的精神需求，是社会发展最基本的要求，也是人类思想发展的核心驱动力。在高校这一知识分子云集、文化层次较高的场所，人本性思想体现得尤为突出和鲜明。这一特点主要体现在以下三个方面。

第一，关注人的全面自由发展。教师不仅肩负着让学生全面发展的使命，也时刻关心自己事业的发展，学生更是把自己的自由全面的发展当成头等大事，成为有用之才是学生的自然追求。

第二，关注人的权利和利益，尊重个体价值和尊严。人们越来越注重自身的生存发展权利和自由民主的权利，突出个人的价值、尊严和利益，当前学生越来越追求个性、崇尚独立，越来越要求对个体价值和个体选择的尊重。

第三，关注人的生命和生命感觉。一方面，经济社会的发展和科学技术的进步更加凸显了人的价值；另一方面，以牺牲资源和环境为代价的发展，又把人的生存环境逼到了绝境，当今社会，越来越多的人感到生命感觉的重要和生命的珍贵，在 2008 年的四川大地震中，抗震救灾把救人放在第一位，人的生命是最重要的。

（二）多样性

大学生思想政治状况的多样性就是指思想文化的多元化和价值观念的多样性，这是改革开放、经济文化全球化和人民生活水平大幅提高、精神文化需求日益旺盛的必然结果。高校是社会的缩影，社会上形形色色的思想观念必然地反映到学校中来，学生受来自社会、家庭的各种思想观念的影响，以及学生自身经历、经验与认知发展的不同，高校学生的思想状况也呈现多样性，这是高校思想政治教育的一个重要特征。高校思想政治教育多样性特征主要表现在以下三个方面。

第一，思想文化交流的丰富性。改革开放使得高校大量增加了与世界各国的大学等机构的学术和文化交流，各种思想文化在高校交汇、交融，尤其是西方发达国家的强势文化对师生影响很大。

第二，思想意识形态的复杂性。马克思主义的意识形态仍然是我国高校的主流意识形态，但是，高校又是西方敌对势力和各种政治思潮渗透争夺的必争之地，各种意识形态在高校中都会有一定的呼应、交锋，有的还有一定的市场。

第三，价值观念的多样性显著增强。随着经济社会的深刻变革和多元思想文化的交融，高校师生逐渐摒弃了传统的单一价值观，转向更加多元和复杂的价值体系。在日常生活、人际交往、职业发展等多个方面，师生的价值追求开始分化，价值评判也变得多样化，形成了多种价值观并存的局面。

（三）开放性

在改革开放和全球化的大背景下，教育要面向现代化、面向世界、面向未来，与国际教育接轨，开放性是高校思想政治教育的时代特征。

第一，高校思想政治教育的环境是开放的。高校中广泛的国内外的学术文化交流，铺天盖地的各类学术文化讲座，专家名流在这里聚集，各种文化在这里交融，各种思潮在这里激荡，各种思想在这里碰撞，师生在开放的环境中学习和创新。

第二，思想观点和价值评判是公开的。在开放宽松的思想政治环境中，广大师生无论对国家社会的大事，还是对学校的各项事务，或是对身边发生的事情，都能品头论足、直言不讳，谏言献策、各抒己见，在许多高校的各类公共平台上，如 BBS 上可以见到师生活跃的身影。

第三，尊重差异、包容多样的心态。高校中来自不同国家、不同民族和不同文化背景的师生都能互相尊重、和睦相处，尊重、欣赏和认同文化思想观念和生活民俗上的差异，包容价值追求的多样和选择的自由。

（四）时代性

高校思想政治教育应当紧跟时代步伐，敏锐捕捉社会发展的动态，展现鲜明的时代性。这种时代性不仅影响着思想政治教育内容的构建，也影响着其传播方式。在教育内容的安排上，高校思想政治教育不仅要紧密围绕当前党的路线、方针、政策等现实要素，还要深入挖掘其背后的理论支撑和现实依据，构建一个逻辑严密、内容丰富的教育体系。这一体系不仅涵盖了马克思列宁主义、毛泽东思想及中国特色社会主义理论体系的学习，还着重强调了社会主义荣辱观等社会主义核心价值观的培育。这些内容都与当代理论发展的脉络紧密相连，对大学生深入理解理想信念教育、爱国主义教育、人生观教育以及道德理论教育等具有极其重要的现实价值。为了确保思想政治教育的时代性，教育者不仅要具备深厚的理论功底，还需拥有高度的实践能力。应当能够将理论与现实相结合，运用理论知识来指导实践，解答现实中的热点和难点问题。这样的教育方式将使思想政治教育更具说服力，真正起到引领和启迪大学生成长的作用。通过与时俱进，高校思想政治教育能够展现出其独特的时代魅力，使大学生在学习的过程中不仅能获得知识，更能在思想上得到启迪，情感上得到共鸣，为他们的成长和发展提供坚实的思想支撑。

第五节　高校思想政治教育的构建原则及重要意义

一、高校思想政治教育的构建原则

自新中国成立以来，党中央一直很重视高校思想政治教育工作，经过多年的实践探索，以及党的领导和高等院校的辛勤努力，我国的大学生思想教育积累了一些十分宝贵的成功经验，同时为当前高校思想政治教育提出了一系列的原则。

（一）社会主义办学方向

在高等教育领域，确保所培养的人才具备坚定的政治方向，并愿意为人民服务、为社会主义祖国贡献自己的力量，这一问题直接关乎我国社会主义现代化事业的未来与命运。高校在设定办学方向时，核心议题在于明确学校的性质、办学方式、人才培养的目标以及如何达成这些目标。而在这些关键环节中，高校思想政治教育扮演了举足轻重的角色，直接关系到我们培养什么样的人，以及如何全面贯彻落实党的教育方针。新中国成立以来，高校思想政治教育工作的宝贵经验之一，就是始终坚守正确的政治方向作为首要任务。

1. 坚持党的基本路线不动摇

党的基本路线，是指领导和团结全国各族人民，以经济建设为中心，坚持四项基本原则，坚持改革开放，自力更生，艰苦创业，为把我国建设成为富强、民主、文明、和谐、美丽的社会主义现代化强国而奋斗。它是党和国家的生命线、人民的幸福线，是实现中华民族伟大复兴中国梦的政治方向和基本途径。通过坚守这一基本路线，高校思想政治教育不仅为学生指明了正确的政治方向，也为他们提供了坚实的思想基础，使他们能够在未来的学习和工作中，始终与党和国家的发展目标保持高度一致，为社会主义现代化建设贡献自己的力量。

高校思想政治教育必须坚持党的基本路线不动摇，具体来说，其原因主要有以下四点：第一，党的基本路线是实现中华民族伟大复兴中国梦的政治方向和基本途径。坚持这一路线不动摇，能够确保高校培养的人才符合国家和社会的需要，为国家的繁荣和发展提供有力支持。第二，党的基本路线是党和国家的生命线、人民的幸福线。通过坚持这一路线，高校能够培养出具有坚定信仰和正确价值观的学生，他们将成为推动社会进步和发展的重要力量，为人民谋求更多的福祉。第三，坚持党的基本路线也是加强党的领导和改善党的建设的关键所在。在高校思想政治教育中强调这一点，有助于增强学生对党的认同感和归属感，提高党组织的凝聚力和战斗力。第四，面对多元文化背景的冲击和挑战，坚持党的基本路线不动摇能够帮助学生树立正确的世界观、人生观和价值观，增强他们的政治敏锐性和鉴别力，抵御各种错误思潮的侵蚀和影响。

2. 坚持"双为"办学方向的政治要求

新中国成立以后，我国的高校思想政治教育工作始终坚持社会主义的思想道德体系，坚持培养大学生的集体主义精神，不断从巩固社会主义政权的思想基础、培养和造就社会主义事业的合格建设者和可靠接班人的高度来进行认识和定位。在思想政治理论课程建设中，以系统化地开设马克思主义基本原理课程为重点，要求学生掌握马克思主义的世界观和方法论，并且把中国革命和中国建设的伟大实践，毛泽东思想、邓小平理论、"三个代表"重要思想、科学发展观和习近平新时代中国特色社会主义思想等中国化的马克思主义作为重要的课程内容，与时俱进，不断改进内容体系和创新方式方法，从而树立起广大学生正确的世界观、人生观和价值观。

3. 坚持育人为本、德育为先，处理好德育和智育的关系

高等学校的根本任务是培养德智体美等全面发展的社会主义事业的建设者和接班人，要完成好这一根本任务，就要坚持"育人为本、德育为先"的重要方针。新中国成立以来，高等学校始终坚持通过提高学生的思想道德素质，带动和促进大学生全面素质的发

展。同时，在大学人才培养的各个具体环节中，高等学校始终坚持德的标准不放松。特别是在对人才评价环节中，始终以"德"作为一个最为重要的方面，在推荐工作、就业中，广大高校和各级党团组织及专职思想政治工作队伍在对大学生品德的考核中发挥了应有的作用，保证了出口关。同时，在教育中，坚持做到整体育德、全面育人、全员育人、全程育人，不断增强教育的合力，提高教育的实效，促进了一代代大学生全面发展和健康成长。

（二）坚持以党建为核心

坚守党的领导，深化党的建设，不仅是高校坚持社会主义办学方向的核心，更是加强和革新思想政治教育的基石。以党建为引领，推动高校思想政治教育，这不仅彰显了我国高校教育的鲜明特色，也是多年来累积的宝贵经验。在不同历史阶段，高校党建始终扮演着举足轻重的角色。

自改革开放以来，高校党建工作迎来了新的挑战。改革开放和社会主义市场经济的蓬勃发展，带来了社会生活和思想观念的巨大变革，同时国际局势的复杂多变也给高校党组织和党员带来了新的影响和挑战。为此，高校在思想政治工作中坚定不移地以党建为引领，将思想建设置于学生党建的核心位置，而在思想建设中，又特别强调理想信念的重要性。通过不断加强学生党建工作，努力适应并应对这些新情况。

进入新世纪、新阶段，面对经济全球化和价值多元化的冲击，以及宗教等势力的渗透，高校党建面临更加复杂的形势。为此，高校紧抓共产党员先进性教育的契机，增强在学生中发展党员的紧迫感和责任感。同时，以支部建设为基础，构建推动党员发展的长效机制，着重提升党员的先进性，全面提高党员素质，并加大在学生中发展党员的力度，力求实现学校党建工作的新飞跃。

为此，学校成立了学生党建工作领导小组，形成了一种全新的领导机制，即由学校党委统一领导，学生党建工作领导小组负责全校学生党建工作的统筹协调。同时，学校对学生党支部进行了科学合理的设置，确保党建工作的有效实施。在党委的统一领导和党建工作领导小组的协调下，学校各部门形成了一种齐抓共管、协同配合的工作氛围。校团委积极参与，院（系）党委（党总支）则负责具体贯彻落实。学校还以"坚持标准、保证质量、重在培养、加快发展"为工作主旨，不断完善吸收优秀大学生入党的长效机制，科学规划学生党员发展工作的目标，确保学生党员队伍的质量和活力。

（三）坚持围绕中心、服务大局

坚持围绕中心工作开展高校思想政治教育，是我国高校思想政治教育工作的又一基本经验。高校思想政治教育工作在培养高素质人才、推动高等教育改革发展、维护学校和社会稳定等方面发挥了重要作用。高校思想政治教育必须与国家和社会的需要及中心工作紧密结合，才能有广阔的空间和舞台。可以说，自新中国成立以来，我国的高校思想政治教育在每一个重要历史时期，都紧紧围绕中心工作，服从和服务于中心工作，通过一系列扎扎实实的工作，推动了社会进步，促进了高教发展，在培养人才、服务建设和改革方面作出了突出贡献。

加强和改进思想政治教育工作，归根结底是为社会主义经济基础服务的。只有在中心工作中贯穿思想政治教育，解决现实问题，才能实现思想政治教育的价值。对于高等学校来说，人才培养、科学研究和社会服务等是其中心工作，高校思想政治教育工作必须紧密围绕这些中心工作尤其是人才培养这个中心开展，才能体现其独特价值。

在社会主义改造时期，新中国面临着建立新政权和维护社会政治稳定的难题，高等教育也百废待兴。高校思想政治教育工作紧密围绕中心工作，创造性地建立起新的学校思想政治教育工作体系，配合党和国家的工作方针，积极开展社会政治运动，使大学生在思想政治方面经受了考验，锻炼了才干。在十年社会主义建设时期，高校思想政治教育工作与火热的社会生活紧密相连，大学生通过参加生产劳动、投入社会实践、接受社会教育等，直接参与到党和国家所确立的中心工作的伟大实践中，成为又红又专的人才，成为社会的栋梁之材。

改革开放以后，我国的工作重心转向以经济建设为中心，整个社会生活步入正轨。这个历史性的转变要求高校思想政治教育工作也迅速地进行相应的转变。它使高校思想政治教育工作逐步以培养人才为中心，由凌驾型变为服务型，即由过去政治工作可以冲击一切、可以冲击业务工作转变为高校思想政治教育工作必须服务且服从于经济建设、高等教育的改革和发展以及人才培养等高校的中心工作。具体来说，这个转轨和转型一是要求思想政治工作在服务经济建设中凸显自己的价值，为经济建设培养社会所需要的人才；二是要求在学校教育层面，使高校思想政治教育服从和服务于学校的中心工作，服务于人才培养、科学研究等中心工作，使高校思想政治教育与学校的中心工作密切配合，把思想政治教育渗透于教学、科研等人才培养的各个环节中。

在具体的高校思想政治教育实践中，高等学校密切结合各校的实际，结合每一代大学生的思想实际，努力通过各种途径和渠道，不断拓展大学生的思想道德素质，不断增强大学生的全面素质，使高校思想政治教育为其成长成才服务。高校思想政治教育通过社会实践、文体活动、校园文化建设、就业指导、心理咨询等多种手段，围绕人才素质结构的方方面面下功夫，始终抓住人才培养的中心工作不放松，在培养人才中找准定位、全程育人、实现价值。

事实充分证明，有为才有位，有位须有为，只有紧紧围绕党和国家的中心工作以及高校的中心工作不放松，扎实深入地开展高校思想政治教育工作，其才能摆脱"两张皮"的尴尬境地，实现其应有的贡献和价值。

（四）坚持改革创新

在党中央的领导下，教育主管部门及高校思想政治教育工作者积极响应改革的号召，以创新的姿态锐意进取，寻求发展。他们不仅勇于探索,更敢于突破,通过持续的研究与实践,不断应对新挑战,解决新问题,致力于推动高校思想政治教育工作的系统化、规范化、科学化和制度化进程。这已成为新中国成立以来,高校思想政治教育工作积累的又一宝贵经验。

1. 实行疏导方针

在高校思想政治教育工作中,特别强调民主氛围的营造,广开言路,尊重每一个个体的平等地位。秉持"疏导"的工作原则,教育者因势利导,以理服人,努力构建一个和谐、理解、支持的交流环境。这种转变不仅极大地改善了思想政治教育的形象,更在无形中拉近了教育者与受教育者之间的距离,使思想政治教育真正起到关心人、理解人、支持人的作用,其工作效果也日渐显著。

2. 深化思想政治理论课改革

新中国成立以来,我国高校思想政治理论课始终与时代同行,不断更新内容、完善结构,成为高校思想政治教育不可或缺的核心阵地。自党的十一届三中全会后,马克思主义理论课在高等院校中迅速恢复,奠定了坚实的理论基础。1982年,教育部明确要求全国高校开设共产主义思想品德课程,标志着思想政治教育进入了一个新阶段。随着改革开放的深入和现代化建设的推进,教育部门紧跟中央步伐,对马克思主义理论课和思想品德课进行了多次重大改革,以适应时代发展的需要。1998年,中共中央决定在普通高等学校增设"邓小平理论概论"课程,进一步丰富和拓展了思想政治理论课的内涵。同年6月,中共中央宣传部、教育部联合发文,明确了思想政治理论课的课程设置,包括"马克思主义哲学原理""马克思主义政治经济学原理""毛泽东思想概论""邓小平理论概论"等一系列必修课程,形成了完整的课程体系。进入21世纪,随着社会的进一步发展和中央对思想政治教育的重视,2005年,中共中央宣传部、教育部联合颁布了《关于进一步加强和改进高等学校思想政治理论课的意见》,对课程设置进行了调整和优化,确立了"马克思主义基本原理""毛泽东思想、邓小平理论和'三个代表'重要思想""中国近现代史纲要""思想道德修养与法律基础"四门核心课程。经过多年的发展，新课程已在全国范围内广泛开设，对以往的思想政治理论课方案进行了有效的整合和充实，更加贴近时代脉搏，更加符合学生实际需求。党的十七大后，根据教育部的指导精神，相关课程名称也得到了优化和更新，更加准确地反映了课程的实质和内涵。毛泽东思想和中国特色社会主义理论体系是贯穿整个课程的灵魂，这一科学理论体系不仅涵盖了中国革命、建设和改革的全过程，而且内容广泛、思想丰富。它以中国化的马克思主义为主题，以马克思主义中国化为主线，深入阐述了马克思主义中国化的理论成果。党的十八大以来，习近平总书记对高校思想政治教育给予了高度重视，强调广大青年要加强思想道德修养，将正确的道德认知、自觉的道德养成和积极的道德实践相结合，积极践行社会主义核心价值观，引领社会风气。党的十九大报告更是明确指出，要全面贯彻党的教育方针，落实立德树人根本任务，推动素质教育发展，促进教育公平，培养德智体美全面发展的社会主义建设者和接班人。在党的二十大报告中，进一步强调了要坚持马克思主义基本原理同中国具体实际相结合、同中华优秀传统文化相结合的原则，激发全民族文化创新创造活力，为实现中华民族伟大复兴提供强大的精神力量。这一指导思想不仅为思想政治理论课的未来发展指明了方向，也为广大青年学子提供了宝贵的精神财富。

3. 创新高校思想政治教育方法改革

自改革开放以来，高校思想政治教育在方法和手段上进行了显著的革新，主要体现在理论灌输与思想疏导的有机结合上。理论灌输旨在让党的理论、基本路线和基本纲领深入人心，成为群众的思想自觉和行动指南。然而，这一灌输过程并非简单的填鸭式教学，而是要在尊重人、关心人、理解人、爱护人的基础上进行。特别是对于具备较高独立思考能力的大学生来说，更应注重"疏导"而非"硬塞"。这意味着在教育中要注重发扬民主精神，通过耐心细致地引导、疏通和开导，使思想政治教育更加生动、活泼，从而取得事半功倍的教育效果。

二、高校思想政治教育的重要意义

（一）有利于和谐社会的构建

从本质上分析，高校思想政治教育的核心内容与构建和谐社会的根本要求是相辅相成的。和谐社会，这一理念追求的是人与自然、人与社会，以及人与自我之间达到全面和谐的状态。在这三个层面中，人与自我的和谐无疑是社会和谐发展的基石，是自然与社会和谐相互作用的必然结果。要实现人与自我的和谐，关键在于个体必须树立正确的世界观、人生观和价值观，并塑造健全的人格。这样的个体能够理智地面对和处理个人与自然、个人与社会之间的复杂关系，从而能够和谐地融入自然、融入社会。因此，在推进社会主义和谐社会的建设过程中，不可避免地需要加强对包括大学生在内的全体公民的思想政治教育。这样的教育不仅能够为个体的和谐发展提供坚实的思想基础，也是构建整个社会和谐的关键一环。当代大学生作为社会中一个极其重要并负有特殊使命的群体，在我国的经济体制改革和其他各项改革深入发展的阶段，他们生活在一个处于重大战略机遇期的时代环境下，其不仅比以往任何时候的青年学生都面临着更大的发展空间，更多的发展机遇。同时大学生也承受着更大的心理压力、学业压力以及就业压力，他们在心理和精神方面的不成熟很可能导致一些社会不和谐的局面。因此，要实现构筑和谐社会的目标，就需要对大学生进行思想政治教育，促进和谐社会的建成。

（二）有利于全面贯彻落实科学发展观

在新时代的背景下，加强和改进高校思想政治教育，致力于培养全面发展的中国特色社会主义事业的合格建设者和可靠接班人，不仅是实践科学发展观的具体体现，更是推动我国经济社会持续健康发展的重要基石。科学发展观的核心在于实现经济社会的全面、协调、可持续发展，而这一切都离不开人的全面发展。改革开放以来，我党不仅高度关注经济社会的发展，更重视人的全面发展，特别是人的思想道德素质、科学文化素质以及健康素质的全面提升。随着新世纪、新阶段的到来，党中央提出了科学发展观，并作出了人才强国的重大战略决策，进一步凸显了高校思想政治教育的重要战略地位。

以人为本是科学发展观的本质和核心，也是加强和改进高校思想政治教育的出发点和落脚点。高校思想政治教育必须贯彻以人为本的理念，将大学生的全面发展放在首位，通过教育、引导、关心、帮助等多种方式，满足他们的精神需求，提升他们的精神生活质量，提高他们维护、享受政治、经济、文化权利的能力，最终实现大学生的全面发展。

高校思想政治教育还要坚持全面、协调、可持续的发展观，这不仅是对发展问题的基本认识，也是我们在思考和推动高校思想政治教育工作时必须坚持的基本思想方法论。这意味着要加强思想政治教育工作队伍建设，调动大学生的积极性和主动性，引导他们自我教育、自我管理、自我服务，从而共同推动大学生的全面发展。要在提升全面性、协调性与可持续性中实现高校思想政治教育的新发展，要使所有教师都负起育人职责，使他们不仅在教书的过程中进行育人的工作，还要为大学生解决日常的思想上的困惑，不断为他们提供思想上的指导和帮助，这样双管齐下形成合力。此外，高等学校的各门课程也都需要不断渗透思想政治教育的内容，于无形中不断加强高校思想政治教育，作为受教育主体的大学生也应当不断进行自我教育，并积极参加社会实践活动，在实践中加强自己的素质，实现理论与实践的进一步结合，用所学的理论知识来解决实践中遇到的问题。将学校教育与自我管理紧密结合，共同促进大学生思想道德素质的提升和大学生的全面发展。

(三) 有利于实现中华民族伟大复兴中国梦

在当下这个科技飞速发展、国际竞争日益加剧的时代，国与国之间的竞争，归根结底是人才的竞争。这里所指的人才，不仅要求具备扎实的科学文化素质，更需要拥有高尚的思想道德素质和健康的身心素质。这些素质在综合国力的竞争中、在推动民族复兴的征程中，具有不可替代的重要性。因此，加强和改进高校思想政治教育显得尤为重要。通过这一途径，能够不断培养出具备丰富创新能力和高素质的人才，他们将成为忠诚于党、国家和民族的中国特色社会主义事业的建设者和接班人。这样的人才，将在激烈的国际竞争中成为我们的优势所在，使国家在科技、经济、文化等多个领域都能占据主动地位，从而取得经济效益和社会效益的双赢。这不仅是实现中华民族伟大复兴的必然要求，也是我国社会主义教育事业不断向前发展的新使命。通过这样的努力，将确保中国在国际舞台上保持领先地位，为实现中华民族伟大复兴的中国梦提供坚实的人才保障。

在迈向全面建成小康社会的征程中，加强和改进高校思想政治教育显得尤为重要。这一宏伟目标追求的是一个经济繁荣、民主健全、科技发达、文化兴盛、社会和谐、人民幸福的新局面，呼唤着全民族的全面发展。在这一进程中，提升全民族的思想道德素质、科学文化素质与健康素质成为关键一环。大学生作为社会中最具活力、最具影响力的群体，其思想道德素质的提升对于全民族的道德风尚具有显著的示范作用。他们的言行举止不仅影响着自身的成长和发展，更能够带动和感染周围人，对提升全民思想道德素质具有不可估量的推动力。加强和改进高校思想政治教育不仅是提高大学生思想道德素质的必要手段，更是推动全面建成小康社会、加快实现社会主义现代化宏伟目标的重要保障。我们必须高度重视这一工作，通过创新方法、完善机制，不断提升高校思想政治教育的质量和效果，确保大学生在思想道德上得到全面而深刻的教育，从而为我国的发展注入源源不断的正能量。

加强高校思想政治教育，对于巩固党执政的思想基础、培育中国特色社会主义事业的建设者和接班人至关重要。这不仅是增强党的执政能力的重要内容，更是坚实基础。为了确保这一基础稳固，必须坚守马克思主义在意识形态领域的指导地位，并持续提高建设社会主义先进文化的能力。在加强党和执政能力建设的道路上，探索新途径、新方法，以加强和改进思想政治工作显得尤为重要。需要全面贯彻党的教育方针，致力于培养德智体美全面发展的社会主义建设者和接班人。为此，我们应以马克思列宁主义、毛泽东思想、邓小平理论、"三个代表"重要思想、科学发展观和习近平新时代中国特色社会主义思想为指导，全面落实党的教育方针，不断加强和改进高校思想政治教育。这一举措对于培育能够担当起祖国社会主义伟大事业合格建设者和可靠接班人的新一代青年，具有重大的战略意义。

第二章　中华优秀传统文化的价值探讨

第一节　中华优秀传统文化相关概念界定

一、文化的内涵

文化，作为国家与民族的灵魂，承载着各自独特的历史轨迹与未来展望。正如中华民族的文化，源远流长，历经沧桑，铸就了独特的历史记忆和现代风貌。

关于"文化"的认知，自古以来就充满了学者的争议与探讨，其定义始终未能统一。在中国，虽然"文化"二字出现甚早，但初时它们各自独立，承载着不同的含义。在《说文解字》中，"文"被解读为各种色彩的纹理，原意是指绘制在身体上的装饰图案，后来逐渐演化为对美好事物的追求与向往。"化"字，在古汉字中为"匕"，本意指的是变化、生成，以及教育引导。正如《周礼·春官·大宗伯》所述，"化"旨在通过礼乐来融合天地的变化，最终引申为以善德感化人心，引导人们向善。而"文"与"化"的并列使用，最早可见于《周易·贲卦·象传》中的描述："刚柔交错，天文也；文明以止，人文也。关乎天文，以察时变；观乎人文，以化成天下。"这里的"文化"被赋予了教化世人的意义，即通过文化来教育、引导人们。因此，"教化"可以说是文化的核心内涵，不仅规范了人们的思想与行为，还调整了人与人之间的社会关系。

在西方语境中，"文化"一词的起源和演变同样丰富多彩。拉丁语"cultura"是西方文化概念的源头，其原始意义涵盖了耕作、居住以及动植物的培养，与农业紧密相连。在英语中，"文化"最初也关联于农业，指的是农耕和培育活动，涉及对植物自然生长的管理。随着时间的推移，"文化"的含义逐渐扩展，从最初的农业概念中解脱出来，转而指代培养、修养等精神层面的意义。到 16 世纪，英语中的"culture"已包含性情陶冶和品德教养的内涵。对比中西方对"文化"的理解，我们可以看到两者在培养、教育方面有着共通之处，但词语背后的历史背景和侧重点则各有特色。19 世纪，英国学者泰勒将文化定义为一个复杂的概念，认为"文化"与我们生活的条件紧密相连，是价值、信仰、伦理道德等的总和。[①] 泰勒的观点对后世社会科学家产生了深远影响，引发了学者从不同角度对"文化"的深入探讨。进入 20 世纪，美国人类学家克鲁伯和克拉克洪从更宏观的角度整合了文化的各个重要元素，提出了一个较为完整的定义，这一观点得到了西方学界的广泛认可。他们强调了对文化全面而深刻的认识必须建立在科学理论之上。马克思主义经典作家则从历史唯物论的角度出发，探讨了文化的本质。他们认为，物质资料生产活动是思想观念产生的基础，文化是人类特有的现象。马克思主义进一步指出，文化的本质在于人的本质力量的对象化，即人通过实践活动将自己的本质力量体现在物质和精神成果中。在马克思主义理论中，实践占据了核心地位，它是人与自然、人与社会之间物质交换的媒介，也是人自我认识、自我改造的重要途径。文化的最终目的，按照马克思主义的观点，是实现人的自由而全面地发展。文化作为一定社会发展阶段人们改造世界的产物，涵盖了物质文化、制度文化和精神文化等多个层面。其中，精神文化是文化的核心，最能体现一种文化的独特性和价值。在文化的变迁过程中，精神文化由于其稳定性和继承性，往往对现代社会产生更为深远的影响。

文化作为人类社会的精神内核，展现了四个显著的基本特征：第一，文化具有鲜明的时代性。人类的一切活动都深深植根于特定的历史背景之中，而文化作为这种活动的精神表达，自然也带有时代的烙印。依据唯物史观，每一代人都在前辈的文化遗产上继续前

---

① 关翠玲．泰勒"文化"定义与大学文化建设［J］．价值工程，2011，30（6）：319-320.

行，在传承的基础上，又根据时代的需求进行改造、利用和创新，这使得文化在时间的推移中既保持了连续性，又展现出鲜明的时代特色。第二，文化具有相对独立性。文化虽然源于特定的经济基础，但内部却存在相对独立的层面。这些层面往往与经济基础的发展不完全同步，有时会超前或滞后于经济、政治、社会和意识形态的变革，从而赋予文化更强的弹性和韧性。第三，文化具有强烈的社会群体性。文化不是孤立存在的，而是人类社会实践活动和历史经验的结晶。文化不仅仅是某个人的私有物，而是被整个社会群体共同接受、分享和传承的宝贵财富。其反映了社会群体的共同价值观和世界观，是连接人们心灵的桥梁。第四，文化具有鲜明的民族地域性。每一种文化都是在特定的地域内，由使用共同语言、共享共同心理特征的社会群体所创造的。这种深厚的血缘联系、独特的地理环境和共通的语言，共同塑造了每种文化独特的风格和特点，使其成为该民族和地域的标志和象征。

从现有文化概念的几百种定义足以看出关于文化概念理解的多义性。在《文化：概念和定义的批判性回顾》一书中，美国人类学家克鲁伯和克拉克洪曾列举出 161 种关于文化的释义。由此可见，文化概念界定之不易。尽管有多种不同的概念和解释，但学术界多从两个角度对文化的定义进行归类：一是从大文化观出发进行界定，即广义的文化概念；二是以小文化观为基础，即狭义的文化概念。

这种两分法对厘清文化概念理解的头绪还是有益处的。广义的文化概念认为文化即"人化"。凡人类所创造的一切都是文化，物质文化、制度文化和观念文化都属于文化范畴。狭义的文化概念则指人的精神活动的成果，只停留于精神生产层面，把文化限定在观念形态上。

本书所探讨的文化，正是基于这种狭义的文化概念。第一，文化是由知识系统、价值观念、审美情趣和思维方式等构成的，这些元素共同塑造了人们的观念形态和精神世界，表达了人的情感、理性和精神追求。尽管文化受到经济基础的影响和制约，但其作为观念形态和精神世界的一部分，具有独特的地位和价值。第二，文化需要通过载体来表达和传播。这些载体既可以是语言、文字等符号系统，也可以是实物载体。文化通过这些载体得以客观化，但从根本上来说，文化更是一种精神性的存在，内在于主体世界之中。第三，文化作为社会结构的一部分，不仅存在于人们的观念之中，更深深地影响着社会实践和生活的方方面面。其作为一种观念性存在，从内在机理层面制约和影响着经济、政治等社会活动，为社会的发展提供了重要的精神支撑和文化动力。

二、中华传统文化

中华传统文化，源远流长，博大精深，其内涵之丰富令人叹为观止。深入探究并提炼其中的思想观念、人文精神与道德规范，结合当今时代的实际需求进行传承与创新，无疑对彰显中华传统文化的独特魅力和时代价值具有无比重要的意义。这不仅是对传统文化的尊重与延续，更是对中华文化精神的弘扬与升华。传统文化是人类历史长河中留下的宝贵遗产。在文学、艺术、教育、科学等各个领域，都扮演着重要角色，无论是在思想融合、行为引导方面，还是在秩序维护和精神传承方面，都发挥着不可替代的作用。拥有悠久历史和深厚底蕴的中华民族，正是凭借着这份独特的传统文化，才孕育出了璀璨夺目的文明。

早在西周时期，五行观念开始萌芽，揭示了宇宙万物构成的基本元素，并衍生出事物间既相互联系又有所差异的思想。当时，占卜术随着古代氏族部落的分化与融合，逐渐由简单趋向复杂，最终孕育出了《周易》中的朴素辩证法思想。在《周易》中，八卦的阴阳交错象征着天、地、人之间的复杂关系，每一卦都承载着特定的意义，人们据此推测万物的演变，预测吉凶祸福。春秋战国时期，中国传统思想迎来了一个繁荣的时代，形成了百家争鸣的局面。孔子的"仁政"思想，不仅是一种政治主张，更是一种深邃的哲学思考，系统地阐述了人在社会中的地位和作用，探寻合理的人生态度和行事准则。孔子将"仁"作为君子的核心道德规范，主张"克己复礼"和"仁爱待人",对后世产生了深远的影响。与此同时,老子的"道法自然"思想也独树一帜。他认为"道"是天地万物产生的根源,用变化的视角解释了万物的本源和规律,揭示了事物间的辩证关系,认为事物既是矛盾的统一体,又相互对立、依存和转化,这一思想在中华传统文化中占据了重要的地位。到了汉唐时期,不同学说和思想相互碰撞、融合,形成了儒、释、道"三足鼎立"的格局,共同构成了中华传统文化的核心。随着汉朝内外矛盾的加剧,董仲舒提出了"天人三策"的哲学思想,认为天与人相通,人的品行、好恶、喜怒皆与天理、天气、寒暑有关。他还提出了"三纲五常"的伦理学说,为"罢黜百家,独尊儒术"的儒学鼎盛时期奠定了基础。宋、明、清时期,各学说家对各种思想进行了批判继承,形成了理学独秀的局面。儒家的人伦道德观念被提升至宇宙本体的层次,强调了道德标准在个人与社会发展中的重要性。同时,儒家也重视精神层面的修养,形成了一个代表新风气的哲学学派,并成为两宋理学的主流。其间,《论语》《孟子》《大学》《中庸》被合编为"四书",成为儒家的主要经典书籍。其中,王阳明提出的"心即理""知行合一"和致良知等观点,认为良知是万物之理的根源,其"四句教"在明代产生了深远的影响。

文化是一种深刻反映人类本质力量的概念。社会的进步和人的发展都要通过文化观念来更新引导,通过文化创造来实现。文化的本质,深植于人的意识能动性之中,彰显了主体的创造性力量。在现实世界中,文化并非抽象的存在,总是以与各民族传统紧密相连的具体形式展现。中华传统文化,源于中华民族五千多年的辉煌文明史,是我们民族的灵魂和精神的家园。正是通过不断地传承与发扬,这种传统文化持续滋养着我们的道德素质和文化修养。这种文化的"传"与"统",让我们能够培养出具有高度文化素养和道德素质的中国人,让我们的人民始终坚守着中华民族的本性,拥有一颗充满中国身份和归属感的中国心。

传统作为文化概念的核心组成部分,其本质在于历史性地连续与传承。从历史唯物主义的视角出发,人类与动物不同,我们并非单纯依赖生物遗传来延续，而是作为历史与文化的创造者，我们的行为受文化支配。通过历史创造，人类构建了丰富多彩的文化，并通过保存和使用这些文化，得以传承祖先的智慧与创造，这一过程便是传统。传统是一个既稳定又有变化的文化时间过程，使文化成为一个活跃的有机体，在历史的长河中不断延续并发展。传统是人类社会的遗传机制，是社会进步的基础。没有传统，人类思想将失去资源，每一代人都需从零开始，社会的发展也将停滞不前。正是通过传统，人类社会实现了自我继承、总结、扬弃和完善，传递和积累了宝贵的经验，确保了历史的连续性。由此，传统与现在、未来紧密相连，形成了一脉相承的纽带。那些在历史中消亡而未能流传下来的事物，仅能成为历史学家的研究对象。而真正能被称为传统并赋予应有价值的，是那些传承至今、融入我们生活的历史文化。传统文化作为一个历史概念，在历史的长河中不断变迁，其内容也随之演变。一方面，传统文化作为既定环境，对社会和人产生了深远的影响，塑造着我们的生活方式、生产方式、语言、行为习惯和文化价值观，乃至传承着世代不变的民族精神。另一方面，人也在不断地改变环境。在历史的不同阶段，面对不同的矛盾和挑战，我们不断地创造和改变，推动着社会的进步和人的发展。这种改变首先源于思想观念的更新，而文化传统是否能够继续留存，则需要经过新生产方式和新生活方式的检验与转化。

在文化的历史长河中，中华传统文化如同中华民族的精神命脉，随着生活的更迭、经验的累积和认识的演变，一些传统中的旧元素会因时代变迁而逐渐被淘汰，而一些新元素则因大众的接纳与认可而逐渐融入并凝结成传统的新篇章。然而，传统文化并非一成不变，其是历史进程中不断积累、传承与演进的产物。在流传的过程中，其不断吸收新元素，同时保留独特的中国特色、中国风格和中国气派，形成了稳固的"民族性"或"中国性"，这构成了中华民族独有的世界观、生活方式和文化特质。从时间的维度来看，传统文化不仅根植于过去，也贯穿于现在，既是历史的瑰宝，也是当代的基石。中华传统文化作为一个鲜活的有机体，早已深深地渗透到我们的日常生活之中，不仅包含了主导性的基本精神和核心要素，更承载着整个民族的价值追求和自我认同。中华传统文化是民族历史遗产在现实生活中的鲜活展现，我们每一个人都在这种深厚的传统氛围中生活、成长和思考。

传统作为与当代相照应的概念，承载着两大鲜明特性：时间上的延展性与空间上的凝聚性。前者意味着这种文化历经数千年的沧桑变迁，在历史的洪流中逐渐积累、沉淀，形成独特的文化脉络。后者则体现了鲜明的民族特色，构成了一个相对稳定的文化体系。简言之，传统是历史长河中不断累积的瑰宝。中华传统文化正是中华民族历经岁月洗礼所铸就的具有永恒魅力的文化瑰宝。在历史的长河中，不断传承、发展并逐渐定型，成为中华民族独特的文化标识。至今，这种文化依然深深地植根于当代中国的社会生活之中，影响着我们的思维方式、行为习惯和价值观念。中华传统文化是物质文化与精神文化的完美融合，也是中华民族文化与民族特质的集中体现，蕴含了中华民族的智慧、情感、信仰和道德，是我们民族赖以生存与发展的精神源泉。无论是传统节日的庆祝、传统艺术的传承，还是传统思想的熏陶，都让我们深切感受到中华传统文化的博大精深和独特魅力。

传统文化尽管扎根于历史的沃土，却绝非仅仅是历史博物馆里静默的展品或图书馆里尘封的古籍。其所蕴含的思维方式、价值观念和行为准则，不仅是对过去智慧的承载，更具备与现代世界同步发展的巨大潜力。传统文化是人类智慧和创造力的历史见证，是一个充满思想火花和智慧魅力的生命体。中华民族的文化遗产，凝聚在独特的语言文字之中，镌刻在浩渺的文化典籍之上，体现在卓越的科技工艺里，闪耀在璀璨的文学艺术间，深藏在深邃的哲学宗教与坚实的道德伦理之内。这些都是中华民族生活态度和精神风貌的真实体现，彰显了传统文化的博大精深和无尽魅力。

中华传统文化闪耀着中华民族的智慧与荣耀，其精髓可概括为四个方面：第一，物质文化方面，涵盖了数学、天文、农耕、中医、造纸、印刷、建筑及园林等诸多领域。这些领域不仅展现了古代中国人民的卓越智慧，更在世界上达到了领先水平，成为中华民族辉煌成就的见证。第二，精神文化方面，中华民族在漫长的历史长河中，积淀了儒、释、道及诸子百家的思想精华。这些思想为中华民族塑造了独特的价值观念、道德规范、思维方式、审美趣味、宗教信仰和民族性格。这些精神文化精髓历经世代传承，已经成为中华民族的文化基因，展现了古代人民对精神世界的深邃追求。第三，制度文化方面，中国古代社会形成的"家国同构"制度和血缘宗法关系纽带，构成了一个严密的制度系统。这一制度系统对中华民族的价值理念、社会发展和国家进步产生了深远的影响，使中华民族得以在漫长的历史长河中保持稳定与繁荣。第四，行为文化方面，渗透在古代人民的日常生活中，无论是服饰、饮食、民居，还是岁时节令和风俗民情，都体现了古代人民的生活方式和行为模式。这些行为方式或行为模式，集中反映了古代人民的日常心理和社会意识，成为中华传统文化的重要组成部分。

三、中华优秀传统文化

（一）中华优秀传统文化的内涵

　　传统作为岁月洗礼下的璀璨瑰宝，能够流传至今，无疑是多元因素交织的结晶。从各历史阶段的自然环境、经济结构、制度体系到思想观念，这些元素共同铸就了传统文化的独特魅力。这种厚重的历史积淀，早已深深烙印在我们的社会与生活方式之中，成为道德规范、价值观念、风俗习惯等多方面的灵魂所在。传统文化是历史长河中思想与物质文明的交汇乐章，其内涵之丰富，从诸子百家的深邃思想到科学技术的辉煌成就；从典籍的博大精深到文学作品的瑰丽璀璨；从艺术的典雅韵味到武术的矫健风采；从民间工艺的巧夺天工到中医的精湛医术；从音乐戏曲的动人旋律到民俗风情的丰富多彩，再到古代建筑的雄伟壮丽，每一个细节都凝聚着传统文化的精髓。这份传统，不仅是民族共识的凝聚点，更是我们价值观和生活方式的源泉。在历史的发展中，不断孕育、继承、更新、积累，形成了独特的文化形态，代代相传，生生不息。这种传承与发展，使传统文化得以保持其时代性，与时俱进，焕发新的生机与活力。

中华优秀传统文化是传统文化中的精华所在，历经岁月的洗礼越发熠熠生辉，成为中国坚守文化自信的不竭动力。这一文化瑰宝承载着先贤的深邃智慧，融汇了当代人的创新精神，集中华民族的历史美德、思想观念、意识形态之大成。其核心以儒家、道家为基石，同时兼容并蓄墨家、法家等多元思想流派，形成了独特的文化体系。中华优秀传统文化的精髓，不仅体现在历代名人的德育思想、君子文化、处世哲学和交际艺术之中，更为国家培养有理想、有道德、有文化、有纪律的新时代人才提供了丰富的教育资源。深入挖掘其德育内涵，对于塑造德才兼备的国民品格具有不可估量的价值。同时，这一文化的精髓也是民族精神的集中体现，倡导诚信友爱、精忠报国、以义制利的价值追求，激励人们自强不息、锐意进取，追求正心诚意、格物致知的心性修炼，以及严于律己、见贤思齐的品德修养。在当今社会，中华优秀传统文化依然具有深远的启迪作用和现实意义。其辉煌的文艺作品，如诗、书、礼、乐等，为后人留下了宝贵的文化遗产，丰富了人们的精神世界。其深厚的人文内涵和道德伦理，对人们的思想和行为产生了深远的影响，引导人们追求真善美，塑造健全的人格。其智慧的哲学思想，对于治国理政、处理外交关系以及公民的交往艺术都具有重要的指导意义。

中华优秀传统文化，在数千年的历史长河中始终扮演着引领与推动的重要角色，即便在瞬息万变的现代社会，其价值仍不可估量。不仅象征着中华文化发展的正确方向，更是推动社会进步与民族繁荣的强大引擎。这一文化的内容体系，宽广又深邃，囊括了政治制度、道德伦理、艺术审美、科技创新以及文化精神等多个维度。其中，不仅蕴含着中华民族的智慧与精髓，更承载着广大中华儿女普遍认同和深入人心的道德观念与价值取向。同时，这一文化也凝聚了中华民族的语言传统、习俗风情、思维方式以及深厚的情感纽带。

　　中华优秀传统文化，深深植根于五千年的悠久历史之中，承载着中华民族最深沉的精神向往，是中华民族的独特灵魂标识，为民族的生生不息和蓬勃发展提供了永不枯竭的养分。其内涵之丰富，不仅体现了仁者爱人、立己达人的深厚情感，更彰显了"天下兴亡、匹夫有责"的崇高家国情怀。它是爱国主义为核心的民族精神的体现，也是追求正心笃志、崇德尚善的人格典范。中华优秀传统文化通过经史典籍、文学艺术、礼仪制度等丰富多彩的形式，生动地展现了中华民族的精神风貌和卓越品质，为中华文明的传承与发展提供了坚实支撑，同时对世界文明的进步产生了深远的影响。其之所以拥有如此强大的生命力，是因为它跨越了数千年的历史长河，始终保持着一种连续性和传承性，至今仍然闪耀着璀璨的光芒。

　　在当今时代，推进中国特色社会主义文化的繁荣与发展，必然需要从中华优秀传统文化的深厚底蕴中汲取营养。然而，在理解和阐释这一文化的过程中，学术界存在多种不同的声音。有的学者主张，中华优秀传统文化应当包含自人类诞生以来在中华大地上形成的一切文明成果；有的学者则认为，应聚焦于周朝至1840年这一文明繁荣时期的文化；还有学者提出，应将历史与现实中的"活"元素，如经济形态、政治结构、意识形态等，以及推动时代进步的器物、节日，特别是孔孟儒家思想等，作为中华优秀传统文化的核心要义。这些观点交织在一起，共同构筑了对中华优秀传统文化多元而深刻的解读与阐释。

　　近年来，习近平总书记站在民族复兴的高度，对中华优秀传统文化赋予了新的时代意义，将其视为"中华民族基因""民族文化血脉"和"中华民族精神命脉"。他强调对传统文化根脉的坚守与传承，打破了时空的界限，为中华优秀传统文化赋予了新的定位和理解。在理解和传承中华优秀传统文化时，我们需要把握三个核心要素，即"中华""优秀""传统"。第一，"中华"明确了文化的地域根基。中国作为拥有56个民族的多元文化国家，其优秀传统文化并非某一民族的专属，而是扎根于整个中华大地的共同财富。因此，我们不应将优秀传统文化狭义地等同于以"儒、释、道"为主的汉族文化，而应加强对少数民族文化的保护、发展和传承，共同构筑中华优秀传统文化的多彩画卷。第二，"优秀"揭示了文化的评价标准。优秀传统文化是经过历史长河筛选和沉淀的精华部分，应具备高度的价值性和功能性。在评价传统文化时，应坚持真理尺度和价值尺度的统一，从文化价值层面提炼思想理论，同时确保这些理论能够满足国家和民族的发展需要。第三，"传统"界定了文化的时间范畴。传统文化与现当代文化有所不同，它源于过去，经历世代传承，蕴含着独特的社会历史文化因素。应将中华优秀传统文化纳入思想文化价值体系的范畴，弘扬和传承对核心价值具有滋养功能、能在新时代发挥思想引领作用的优秀传统文化。

中国共产党倡导，对中华优秀传统文化进行创造性转化和创新性发展，以激发其作为民族精神源泉的无限力量。这种文化承载着国人的爱国情怀与坚定的民族自信，是华夏文明生生不息的根与魂。在传承与发展的过程中，我们需要保持科学的态度和辩证的思维，既要珍视其精华，又要审视其不足，做到取其精华、去其糟粕，为优秀传统文化的现代化转型提供源源不断的动力。然而，当前对传统文化的精华部分进行深入研究和解读的工作仍显不足，导致传统文化的根基不稳，难以适应时代发展的需要。文化创新必须建立在传统文化与现代文化的有效融合之上，同时寻求两者之间的和谐共生。为了深入挖掘中华优秀传统文化的现实意义，需要从实际问题出发，创造性地将其精神内核融入现实背景与国情之中，寻求理论上的突破与文化上的创新。优秀传统文化如同一棵参天大树，深深植根于中华儿女的血脉与灵魂之中。个人的成长与民族的繁荣都离不开这份文化的滋养。在阐释传统文化时，不能脱离时代背景，仅凭典籍中的论述来解决现实问题，这种做法既片面又不可取。要实现中华优秀传统文化的蓬勃发展，必须注重文化创新与融合。要遵循时代发展的规律，将传统文化与社会主义核心价值观相结合，使之相辅相成，深入人心，激发国人的爱国热情与民族自信。只有这样，才能实现文化的繁荣，为中华民族伟大复兴的中国梦提供强大的精神支撑。

（二）中华优秀传统文化的特征

1. 连续性和稳定性

中华文化具有连续性和稳定性。从远古走到现代，历经风雨沧桑，中华文化始终如一地延续至今，独树一帜。在全球四大文明古国的历史长卷中，有的文明已黯然失色，有的文化脉络已断裂，而唯有中华民族，以文字为纽带，串联起五千年的辉煌历史。这一文明不仅坚韧地抵御了外来文化的冲击，更在世界文化的舞台上熠熠生辉。在长期的历史实践中，中华民族孕育出了独特且卓越的文化思想和价值理念，它们生命力旺盛，影响深远。诸如"君子以德，小人以力"（《荀子·富国》）的治国理念，强调了道德在治理国家中的核心地位；"民为贵，社稷次之，君为轻"（《孟子·尽心章句下》）的民本思想，彰显了以人民利益为重的崇高情怀；而"君子务本，本立而道生"（《论语·学而》）和"君子求诸己，小人求诸人"（《论语·卫灵公》）的修身准则，则体现了个人品德修养的重要性。这些格言和名句，凝聚着中华民族的智慧与经验，早已融入每一个中国人的血脉之中，成为他们生活中不可或缺的教诲。历经千百年的传承，中华优秀传统文化依然璀璨夺目，深深地影响着世世代代中华儿女的精神世界和思想观念，是中华民族生生不息的精神源泉，也是每一个中国人心中的文化瑰宝。

2. 融合性和凝聚性

在中国的广袤大地上，自古以来，不同时代、地域和民族的众多人群交织共生，各自携带着丰富多彩的社会生活与深厚的历史文化底蕴。经过数千年的演变与交融，这些族群和文化在这片古老的土地上相互碰撞、交流，最终熔铸成为一个多元而共生的中华民族及璀璨文化。中华优秀传统文化在岁月的洗礼下逐渐沉淀，形成了具有鲜明中华民族特色的精神文化体系，这一体系铸就了坚不可摧的民族凝聚力。在中华民族五千多年的辉煌历史中，这种文化通过不断地融合与包容，提炼出了以社会主义核心价值观为根基和精髓的伟大民族精神。正是这种精神的弘扬与践行，激励着无数中华儿女，无论面对何种艰难险阻，都能勇敢前行，矢志不渝。这种精神的力量，让中华民族在历史的长河中始终屹立不倒，成为世界上最具凝聚力和生命力的民族之一。这种融合性和凝聚性，也是中华文化的独特魅力所在，是中华民族生生不息、绵延不绝的源泉。

3. 民族性和世界性

中华优秀传统文化，是民族性与世界性完美融合的典范。这种文化蕴含着丰富的智慧和力量，为构建更加和谐的世界提供了宝贵的启示。"和谐"这一理念，在中国文化典籍中频繁出现，深深烙印在每一个中国人的心中。自古以来，中国人就追求和谐、崇尚和谐。儒家强调社会的和谐有序，道家倡导与自然和谐相处，墨家则提倡人与人之间的兼爱互助。这些思想共同构成了中华优秀传统文化中"和谐"的核心理念。"己所不欲，勿施于人"和"四海之内皆兄弟"等经典名句，更是中华优秀传统文化的精髓所在。它们传达的是一种以和为贵的处世哲学，强调在尊重差异的基础上寻求共识，实现共赢。这种"和而不同"的和谐文化，不仅是人类社会与各种文明得以延续与发展的基石，更是解决当前人类生存危机、处理国际复杂问题、实现人类社会永久和平与共同繁荣的重要途径。正因为中华优秀传统文化中蕴含着这样的智慧和力量，它才能够在世界范围内得到广泛的认同和赞誉。这种文化不仅是中华民族的宝贵财富，更是全人类的共同财富。我们应该珍视并传承这一文化，让其在新时代背景下继续发挥积极作用，为构建更加和谐美好的世界贡献智慧和力量。

第二节　中华优秀传统文化的历史地位

中华优秀传统文化在历史长河中占据着多维且举足轻重的地位。它不仅是中华民族的"根"与"魂"，更是为中华民族提供了源源不断的精神滋养和文化自信，构成了其生存与发展的坚实基础。这一点在党的十九届六中全会通过的《中共中央关于党的百年奋斗重大成就和历史经验的决议》中得到了明确强调，该决议指出，中华优秀传统文化是中华民族的显著优势，是我们在全球文化多元激荡中坚守自我、屹立不倒的根基。

一、坚定文化自信的重要基础

坚定文化自信，首要之务在于深刻理解与尊重本民族历史文化的连续性。这要求我们对自身的历史文化、社会习俗、生活模式与发展方式保持敬意，坚守中国立场，守护中华民族的精神之源。我们的文化自信是否坚实，源自对传统文化的深刻体悟与广泛认同，而非摇摆不定或全盘否定的态度。因此，礼敬传统文化是我们坚定文化自信的核心，是我们团结共进的共同精神基石。

弘扬优秀传统文化，是构筑我们文化自信不可或缺的基石。如今，人们已普遍认识到传统文化与现代化并非相互排斥，而是相互促进的。未来应积极弘扬优秀传统文化，使之与马克思主义和社会主义先进文化建设相契合，共同推动国家的发展。

深入探究历史文化，使我们能够领略中华文明的传承与精髓，理解中华民族的形成与发展轨迹，感受民族的精神支柱与共同记忆。当代中国并非孤立存在，而是"中华民族"的延续。因此，增强文化自信需要深厚的历史文化底蕴，我们要全面而深入地理解中国的历史与文化，从而明确未来的发展方向，并从优秀传统文化中汲取养分，为文化自信的建设与发展注入新活力。

科学地对待传统文化，不仅为我们找到了传统与现代的结合点，也为我们的文化自信提供了坚实的基础。弘扬优秀传统文化，是坚定文化自信的核心任务。只有充分展现优秀的价值信仰和道德审美体系，我们才能在文化竞争中保持清醒，坚守自己的文化价值观，以平等、开放、自豪的心态参与全球文明对话。

二、强化民族认同的重要法宝

民族认同感，是每一个民族成员内心深处对自身民族的认同和自豪。这种情感既源自对"我是这个民族的一员"的确认，也源于对"身为这个民族的一员，我深感荣耀"的共鸣。

"认同"与"自豪"的情感紧密相连，共同构成了民族凝聚力的核心基石。当这种情感深深扎根于民族心中，民族的凝聚力就如同一座坚固的磐石，坚不可摧；而一旦这种情感基础动摇，民族的凝聚力也将变得脆弱不堪。在塑造民族认同的诸多要素中，传统文化无疑是最为核心的一环。对于当代中国来说，为实现中华民族伟大复兴的中国梦，强化全体中华儿女的民族身份认同显得尤为重要。中华优秀传统文化作为海内外中华儿女的共同精神寄托，其传承与弘扬更是我们不可推卸的责任。反复强调和确认民族文化标识，不仅是对传统文化的尊重与传承，更是对每一个中华儿女民族身份的强调与确认。这是一项意义深远且责任重大的使命，需要我们共同努力，将中华优秀传统文化的精髓传承下去，凝聚起同心同德、共谋发展的强大力量。

中国文化的核心精神是爱国主义，包含了团结统一、爱好和平、勤劳勇敢、自强不息等伟大的民族精神。这些精神力量深深地融入了中华民族的基因血脉，成为我们生生不息、继往开来的精神支柱。在新时代，我们需要以创造性的方式转化和发展中华优秀传统文化，既要继承其精髓又要与时俱进，使其与现代社会相契合，满足人们的精神文化需求。如此一来，将有助于构建中华民族共有的精神家园，推动社会主义文化强国的建设。

中华民族历经风雨洗礼愈挫弥坚，优秀传统文化如影随形，始终为中华儿女个人的思维方式和成长发展提供精神领航。[1]坚守传统文化的行为准则，能够在新时代背景下塑造中华民族的优秀品格，穿越事业发展征程中的迷雾惊涛破浪前行。中华优秀传统文化蕴含的核心价值内涵丰盈，经久不衰，在当代依然焕发出勃勃生机和独特的魅力。中华优秀传统文化注重把人的精神生活纳入社会理想，融汇成底蕴深厚的价值观念和文化传统，代代传承，绵延不绝，成为中华优秀传统文化独特的信仰支柱和精神追求。

---

① 王越芬，吴丹.彰显传统文化底蕴　增强文化自信［J］.人民论坛，2019（10）：23—30.

三、维护国家文化安全的重要保障

从广义的角度来看，国家文化安全意味着国家的主流文化价值体系，以及支撑其存在的意识形态、社会基本生活制度、语言符号系统、知识体系和宗教信仰等核心文化要素，必须得到妥善保护，免受任何敌对势力的侵蚀、破坏和颠覆。这不仅关乎国家的主权和文化独立，也体现了对自身文化价值的尊重和持续传承，更是民族间高度文化认同的基石。文化作为国家和民族生存发展的根基，承载着丰富的历史和文化积淀，同时孕育着未来发展的无限可能。为国家的政治稳定和经济发展提供了源源不断的精神动力，为民众提供了深厚的道德支撑。一旦文化安全受到威胁，将给国家和民族带来难以估量的危机和损害。我们必须充分认识到国家文化安全的重要性，将其置于国家安全战略的突出位置，与政治安全、经济安全并列为国家安全的重要组成部分，确保国家的文化独立和文化繁荣。

当前，中国的文化安全正面临前所未有的严峻挑战。一方面，西方文化如潮水般涌入，从文化资本、文化产品，到文化形态和意识形态，都深刻影响着我们的日常生活。另一方面，我国传统文化价值体系遭遇衰退的困境，这对社会的持续发展和民族精神的传承构成了严重威胁。更令人忧心的是，以马克思主义为主导的意识形态正面临着前所未有的挑战。

为了应对这一形势，党中央已经明确提出，我们需要增强国家安全意识，构建一个科学、协调、高效的工作机制，以有效应对各种安全威胁。国家文化安全作为其中一项战略性问题，不仅关乎文化主权和民族凝聚力，还涉及综合国力的提升、社会的稳定和社会主义和谐社会的构建。我们必须牢固树立国家文化安全意识，将国家文化安全放在重要位置，并深刻认识到其与弘扬优秀传统文化之间的紧密联系。要积极借鉴中华优秀传统文化的优秀元素，以此巩固马克思主义在意识形态领域的指导地位，同时推动传统文化的创新与发展，努力构建具有中国特色的社会主义先进文化。此外，我们应继承传统美德，重塑国民精神道德规范，为确保国家文化安全筑起一道坚不可摧的屏障。

四、培育社会主义核心价值观的重要资源

中华优秀传统文化是培育我国社会主义核心价值观的肥沃土壤。从个人到社会，再到国家，这三个层次的核心价值观都与中华传统文化中的"修身、齐家、治国、平天下"的哲学思想紧密相连。以《易经》中的"天行健，君子以自强不息"为例，鼓励人们不断追求自我提升和自强不息的精神，这与社会主义核心价值观中的个人层面理念相契合。而《论语》中的"己所不欲，勿施于人"则体现了儒家文化中人与人之间的尊重与和谐，为社会主义核心价值观中的社会层面理念提供了深厚的文化支撑。儒家文化中的独立人格和忧患意识，为社会主义核心价值观注入了深厚的文化底蕴。首先，在个人层面，社会主义核心价值观所倡导的"爱国、敬业、诚信、友善"，正是对儒家文化中"仁义礼智信"和"温良恭俭让"等传统美德的现代传承，强调了在人际关系中保持友善和诚信的重要性。其次，在社会层面，社会主义核心价值观中的"自由、平等、公正、法治"汲取了儒家思想中的"己所不欲，勿施于人"和"矜老恤幼"等理念，倡导社会公正和人与人之间的和谐相处。同时，"隆礼重法"的儒家思想也为法治社会的建设提供了重要的思想基础。最后，在国家层面，社会主义核心价值观的"富强、民主、文明、和谐"则是对中华传统文化中"国富民安"和"礼之用，和为贵"等理念的现代阐释，体现了对国家富强、民主进步、文明发展和社会和谐的追求，与中华传统文化中的国家理念一脉相承。

中华优秀传统文化为社会主义核心价值观的孕育和成长提供了坚实的精神基石和丰富的文化滋养。社会主义核心价值观，正是基于中华优秀传统文化的深厚底蕴，经过现代社会的提炼和升华而得以形成和发展。离开了优秀传统文化的滋养，社会主义核心价值观就如同失去了根基和灵魂的大树，难以茁壮成长。在我们努力培育

和践行社会主义核心价值观的征途中，必须深入挖掘和汲取中华优秀传统文化的思想精髓。要大力弘扬以爱国主义为核心的民族精神，这是我们民族的灵魂和力量所在；同时，不能忽视以改革创新为核心的时代精神，这是推动社会进步的不竭动力。我们应当用中华民族创造的一切精神财富来教育和激励人民，让中华优秀传统文化成为滋养社会主义核心价值观的源头活水。通过传承和弘扬中华优秀传统文化，不仅能够更好地理解和践行社会主义核心价值观，更能够激发人民的爱国热情和创新精神，为实现中华民族的伟大复兴提供强大的精神支撑。

中华优秀传统文化为社会主义核心价值观的孕育和成长提供了无比丰富的思想道德资源。这一文化的精髓，即中华传统美德，它承载着深厚的道德智慧和价值追求。核心价值观正是在吸收和传承这一文化精髓的基础上，弘扬了中华传统美德，形成了具有时代特色的价值体系。数千年来，我们的祖先为我们积累了丰厚的道德资源和规范。其中，"自强不息、厚德载物"的理念，为我们指明了追求道德境界和实现理想的道路；"以民为本、安民富民乐民"的思想，彰显了政府以人为本、为民造福的执政理念；"仁者爱人、以德立人"和"为政以德、政者正也"的观念，强调了关爱人民、以德治国和树立道德典范的重要性；"以诚待人、讲信修睦"的准则，则强调了在人际交往中诚信与和谐的重要性。面对这些宝贵的道德精髓，我们必须深入挖掘和弘扬，让中华传统美德在新时代焕发出新的生机与活力。这不仅是对传统文化的传承与发扬，更是对社会主义核心价值观的深化与丰富。

中华优秀传统文化为核心价值观提供了丰富的文化资源。中华民族五千年的文明史，孕育了灿烂的中华文化，为世界文明进步作出了巨大贡献。这种文化以潜移默化的方式渗透到每一个中国人的生活中，成为我们血脉中不可或缺的一部分。因此，在弘扬中华优秀传统文化的过程中，要不断从深厚的历史文化中汲取养分，优化资源利用。我们可以借助成语典故、诗词格言、传统美术、民间工艺、楹联灯会等丰富的文化形式，展现中国特色、中国风格、中国气派，为核心价值观提供坚实的文化支撑。这样，不仅能更好地传承和弘扬中华优秀传统文化，还能进一步夯实核心价值观的文化基础，为中华民族的伟大复兴注入强大的精神动力。

五、建设中国特色社会主义的重要支撑

中国特色社会主义，作为在中国国情基础上由党领导的社会主义实践，其独特性在于它既坚守马克思主义的基本原则，又紧密结合中国实际，避免简单复制他国模式。这种特色化的社会主义道路，要求马克思主义不仅要在中国生根发芽，更要与中华优秀传统文化深度融合，实现真正的"中国化"。

无论是坚守马克思主义的指导地位，确保社会主义建设的正确方向，还是基于中国国情，走出具有中国特色的道路，都离不开对中华优秀传统文化的珍视与传承。实际上，马克思主义的中国化与中华传统文化的现代化，是建设中国特色社会主义过程中互为补充、相互促进的两个重要方面。马克思主义只有与中华传统文化的优秀精髓相结合，才能真正在中国落地生根；而中华传统文化也只有在马克思主义的指导下，才能焕发新的生机，实现现代化转型。这种现代化转型并不意味着要消灭传统文化，而是要在新的社会主义条件下，对传统文化进行深度思考，实现其在新时代的延伸、更新和丰富。因此，要推动中国特色社会主义事业的发展，必须高度重视并传承好中华优秀传统文化，弘扬其中具有时代价值的思想理念、传统美德和人文精神，不断充实和丰富中国特色社会主义的内涵，为伟大事业的持续推进提供强大的文化支撑。

第三节　中华优秀传统文化的现代价值

中华优秀传统文化，内涵之丰富、底蕴之深厚，在现代社会依然熠熠生辉，散发着迷人的光彩。其现代价值已深深融入我们生活的每一个角落，成为日常不可或缺的一部分。中华传统文化，如同

血脉一般在我们的体内流淌，成为民族的独特标识。它不仅仅是一种文化的传承，更是一种精神的寄托。这种精神，塑造了我们民族的品格，支撑着民族的发展。

一、中华优秀传统文化的现代价值

（一）哲学文化的现代价值

在中国古老而深厚的文化脉络中，哲学文化如同璀璨的星辰，闪耀着中华民族智慧的独特光芒，成为其理性思考与内在精神的核心体现。传统哲学文化不仅是理论思维的巅峰之作，更是整个传统文化体系的灵魂，引领并制约着各类文化形态的发展。因此，深入学习和领悟中国传统哲学文化，对于提升民族凝聚力、弘扬中华文化的精髓，具有不可估量的意义。

儒家文化，作为中华优秀传统文化的重要组成部分，其核心思想"仁"至今仍然闪耀着人性的光辉。这种仁爱精神，是对人性最深刻的洞察和赞美，鼓励人们以宽容、友善和博爱的态度面对世界。一个拥有仁爱之心的人，其眼神中往往透露出柔和的光芒，使人感受到无比的温暖和亲切。

此外，孝悌文化也是儒家思想中不可或缺的一环。在当今这个快节奏、高压力的社会中，孝悌精神依然具有极高的价值。孝顺不仅是中华民族的传统美德，更是每个人对父母的应有之义。只有铭记孝道，心怀感恩之心，才能不辜负父母的养育之恩。

另外，儒家还提出了"有教无类"和"因材施教"的教育理念。这些思想在现代教育体系中仍然具有极大的指导意义。中国的九年义务教育制度就是这一理念的生动体现，确保了每个孩子都有接受教育的权利，无论其出身、地位如何。同时，因材施教的教育方法也有助于发挥每个学生的主观能动性，激发他们的学习兴趣和潜力，从而提高教育的质量和效率。

孔子的"和为贵"与"和而不同"（《论语·子路》）的思想，早已深深烙印在我们的民族意识之中，成为构建团结和谐多民族国家的坚实基石。时至今日，这一哲学思想依然在我们的生活实践中发挥着重要作用，无论是"民族区域自治"还是"一国两制"等政治制度，都深受中华传统文化的影响，体现了儒家哲学的现代价值。如今，遍布全球的孔子学院更是中国传统儒学文化现代价值的鲜明体现，不仅为世界各地的汉语学习者提供规范、权威的教材，还为他们提供了正规、主要的汉语学习渠道，进一步将中华优秀传统文化推向世界，激发了全球范围内的汉语学习热潮。这不仅提升了中国的文化软实力，也增强了中国在国际上的影响力。

与儒家哲学并驾齐驱的，还有道家哲学，这也是中华传统思想文化的重要组成部分。道家哲学以"道"为核心，涉及自然、社会和人生三大层面，其崇尚自然的思想特点尤为突出。道家哲学以自然哲学为构架，其本体论、人生观、政治哲学等都主张"道法自然"，彰显出鲜明的自然主义色彩。在现代社会，随着全球变暖和温室效应等环境问题的日益严重，道家哲学的自然观更是得到了广泛的关注和认同。它提醒我们，只有在尊重自然的基础上改造自然，才能实现人与自然的和谐共生。

中华优秀传统文化不仅注重外在的和谐，更强调内在的修养。对于个人的德行，有着严格的要求，这与当前的社会主义精神文明建设紧密相连。随着物质文化生活水平的提升，人们对于精神文化的需求也在不断增加。因此，需要在道德建设上倡导敬老爱老、尊重师长、诚实守信等美德，提升内在修养，营造和谐的社会风气，推动社会主义精神文明的建设。这也是中华传统思想在现代社会中的实际运用和体现。

（二）科技文化的现代价值

中国古代的科技文化在 16 世纪之前的漫长岁月里，始终傲立于世界之巅，对于人类文明的推动作用无可替代。除了广为人知的四大发明，中国古代在诸多领域，如天文历法、医学和数学等，均取得了令人瞩目的成就。

在遥远的古代，为了把握时间和季节的更迭，我们的祖先开始细致地观察太阳、月亮和星星在天空中的位置，试图找出它们随时间变化的规律。经过长时间的观察和实践，成功地编制出了精密的历法，这不仅为当时的生活和农牧业生产提供了指导，还逐渐形成了一套以历法和天象为中心的完整体系。即便在今天，我们依然可以感受到这份古老智慧的影响力。比如，农民依然根据古代的研究成果进行耕种，而我们所使用的农历日历和二十四节气，都是源自古代的遗产。这些历法和节气不仅指导着农业生产，也深深影响着我们的日常生活和节日习俗。

除了璀璨的天文历法，古代中国人民在医学领域的卓越成就同样令人叹为观止。中国医药学源远流长，作为世界上医药文化起源最早的国家之一，其历史可追溯至远古时期，在春秋战国时期逐渐形成体系，之后在隋唐至清代持续繁荣发展。中国医学史上的经典之作层出不穷，如《黄帝内经》《神农本草经》《伤寒杂病论》《本草纲目》等，都是医学知识的宝库。这些著作不仅记录了丰富的医疗实践经验，还奠定了中医药学的基础理论框架。历史上，中国涌现出许多杰出的医学家，如张仲景、扁鹊、李时珍等，他们的贡献为中医药学的发展奠定了坚实的基础。早在古代，中国医学就已经达到了相当高的水平，其成就令人瞩目。中医学的理论体系独具特色，包括五行说、阴阳学说、脏腑学说和经络学说等。这些理论不仅在现代中医中仍占有一席之地，还深深影响着中医的诊疗实践。传统中医作为中国文化的重要组成部分，在现代社会依然发挥着不可替代的作用，为人民健康服务。中医与西医之间存在明显的差异，不仅在于对生命的认识层面，更体现在思维方式上。我们不应简单地将两者对立起来，而应从中看到两种医学体系背后所蕴含的传统文化差异。在现实生活中，传统中医的应用无处不在。无论是运动扭伤后的按摩和针灸，还是身体不适时的中药调理，都体现了中医的广泛运用。没有传统中医的深厚底蕴，现代中医的发展也难以想象。因此，我们应该珍视和传承这一宝贵的文化遗产，让中医在现代社会中继续发扬光大。

在古代科技文明中，四大发明——造纸术、指南针、火药和印刷术，无疑是最为耀眼夺目的星辰。这四项伟大的发明，不仅推动了古代文明的传承与发展，更在无形中塑造了我们今天的世界。设想一下，若无这四大发明，或许古代文化的瑰宝将难以流传至今，历史的脉络也将变得模糊难辨；或许新航路的开辟会延迟，今日的世界格局亦将截然不同。这些看似平凡的发明，如今已成为我们生活中不可或缺的一部分。

中古时期的科技文化，在持续的发展与创新中，逐渐与现代生活融为一体，并在其中扮演着不可或缺的角色。这些科技发明的现代价值，不仅在于它们与现代生活的紧密联系，更在于它们随时代进步而不断完善的生命力。正如古人云："苟日新，日日新，又日新。"只有不断创新，才能确保这些古老的智慧在新时代焕发出新的生机与活力。

中华优秀传统文化，作为我国文化软实力的重要体现，随着时代的发展和社会需求的提升，应当得到更多的重视和传承。中华文明历经千年，汇聚了无数先人的智慧和经验，既有精华也有糟粕。面对外来文化的冲击，我们既要有开放的心态去"理解"，又要有批判的眼光去"选择"。这就是所谓的"各美其美、美人之美、美美与共"。在弘扬优秀传统文化的同时，应对其中落后的部分，如封建迷信的风俗习惯，进行剔除和改造。只有坚持取其精华去其糟粕，传统文化才能在新时代绽放出更加璀璨的光彩。

二、中华优秀传统文化价值体系建构

中华优秀传统文化在价值追求上，核心体现在对"内圣"与"外王"的双向追求上。其中，"内圣"追求的是个体道德人格的完善与道德理性的提升，而"外王"则致力于实现治国平天下的宏伟目标。在儒家文化的价值体系中，"内圣"占据了主导的地位。

《大学》一文，深刻地揭示了这一文化价值目标及实现手段。明确指出："大学之道，在明明德，在亲民，在止于至善。"这里所说的"明明德"，便是强调对内在道德的修养与提升；"亲民"则体现了对社会的关怀与责任；"止于至善"则是对道德境界的最高追求。实现这一目标的手段，便是"修身"。从天子到庶人，无论身份地位如何，都以"修身"为本。这里的"修身"，不仅是对个人品德的修炼，更是对道德理想的追求与实践。通过"修身"，个体可以达到"内圣"之境，进而实现治国平天下的"外王"目标。从"内圣"到"外王"的过程，实际上就是从"修身"到"德治"的转化过程。这是道德理念向政治实践的延伸与拓展，体现了伦理道德在中国传统政治文化中的核心地位。孔子曾言："为政以德，譬如北辰，居其所而众星共之。"（《论语·为政篇》）这句话深刻揭示了"德治"的重要性与影响力。然而，当"德治"无法完全发挥作用时，中华优秀传统文化也提出了"以刑配德"的治理策略。通过"礼"来规范人的行为，通过"刑"来防止道德的沦丧与失范。这种"德""刑"并用的治理方式，是中华优秀传统文化价值手段系统的重要特点之一。

此外，中华优秀传统文化还是一种"礼治"文化。"礼"作为传统文化价值规则体系的核心，不仅规范着人的行为，还维护着社会的道德秩序。通过"礼"的约束与引导，人们能够更好地实现道德追求，共同建设一个和谐、有序的社会。

三、现代性视域下的中华优秀传统文化价值及其现代转换

实施中华优秀传统文化的传承与发展工程，已成为构建社会主义文化强国的核心战略。此举的重大意义不仅在于弘扬深厚的中华文脉，全面提升国民的文化素养，更是维护国家文化安全、增强国家文化软实力，以及推动国家治理体系和治理能力现代化的坚实基石。因此，各级各地被赋予明确使命，必须深入贯彻并全力执行这一文化工程。传承与发展优秀传统文化，既是对文化理论的深度挖掘，也是实践中的积极作为。在这一过程中，我们必须致力于挖掘中华优秀传统文化的现代价值，并在马克思主义的指导下，实现传统文化的现代化转型。这是实施传统文化工程的核心任务，也是摆在我们面前的重大课题。通过这样的方式，不仅能够更好地传承和弘扬中华优秀传统文化，更能使其在现代社会焕发新的生机与活力，为中华民族的伟大复兴提供源源不断的精神动力和文化支撑。

（一）中华优秀传统文化的整体优越性及其现代价值

面对现代性危机的重重困境，我们或许能在中华优秀传统文化的深邃智慧中找到破解之法和灵感来源。这一选择背后，正是源于中华优秀传统文化所展现出的独特且优越的文化品质。与西方现代性所强调的形而上本体论有所不同，中华优秀传统文化在哲学人学本体论上，独具匠心地构建了一种"关系"本体。这种"关系本体"超越了古典形而上学的自然主义和人本主义，更为注重个体与整体之间的和谐共生，强调二者之间的紧密联系和相互依存。在中华优秀传统文化的生态文化价值体系中，个体与他者的关系被赋予了更为深刻的伦理意义，即"我为人人，人人为我"。这种价值理念不仅体现了人与人之间的互助互利，更强调了人类与自然环境的和谐共生。在现代性危机的背景下，这种价值理念为我们提供了宝贵的解决路径。

中华优秀传统文化的优越性在于独特的"天下"价值观念。与西方形而上学的传统不同，中华文化传统更加注重实践与应用。以孔子为代表的儒家文化，虽然并未深入探讨人的形而上本体，但其"人之初，性本善"（《三字经》）的理念，更多地强调了后天教化和道德修养的重要性。这种价值观念将人的本质视为后天形成的结果，而非先天决定。同时，中华优秀传统文化并未像西方那样走向以个体为核心的自由主义和个人主义，而是倡导一种以"天下"为重的集体主义精神。这种精神表现为"为天地立心，为生民立命，为往圣继绝学，为万世开太平"（宋·张载《横渠四句》）的宏大志向。

基于这种"天下"观念，中国各派哲学家构建了丰富多样的形而上学体系。这些体系强调"体用一如""变常不二""即空即色""即现象即本体"以及"即刹那即永恒"等理念，展现了事物之间的相互依存和交融互摄。这种哲学形而上学克服了二元论的悖论，与西方现象学和量子力学有着异曲同工之妙。因此，从中华优秀传统文化中汲取思想和文化资源，不仅有助于全面审视现代性危机，还可能为我们提供独特的解决方案和深刻的启示。

中华优秀传统文化的卓越之处，显著地体现在其"三教合一"的信仰体系中。这一文化体系，犹如一个自给自足的生态系统，为个体提供了丰富的道德资源和精神支撑。儒家文化倡导"内圣外王"的积极入世态度，鼓励人们"修身，齐家，治国，平天下"，展现了强烈的责任感和使命感。而道家则以其"无为而治"的思想，为人们在面对生活挫折时提供了心灵的避风港，教导人们顺应自然，追求内心的平和与自由。同时，佛教的"无我"思想，从另一个角度诠释了智慧与解脱，为那些寻求精神超脱的人提供了深刻的启示。

综上所述，以儒家为核心的中华优秀传统文化，卓越之处在于其独特的伦理观和道德观。它并非简单地强调整体或个体，而是注重整体与个体的和谐统一。在这个生态系统中，各种文化因子相互融合、相互补充，共同为个体提供了安身立命的道德基石。这种独特的文化生态，使得中华优秀传统文化能够在无预定的前提下，维护人的道德境界，消解现实与理想、客观与主观之间的冲突和矛盾。这正是中华优秀传统文化的独特魅力和价值所在。

（二）马克思主义视域融合中的中华优秀传统文化现代转换

尽管传统文化蕴含着丰富的现代性资源价值，但现代性本身也无可避免地对传统带来了挑战和颠覆。在现代科学思想的冲击下，传统的信仰体系正经历着前所未有的考验。为了应对这一现代性危机，我们需要推动传统文化的现代转型，这不仅是全面复兴传统文化的必由之路，也是其在新时代焕发活力的关键。复兴传统文化并非简单地复制或颠覆，而是要深入挖掘和弘扬其内在的核心价值和精神实质。在这一过程中，处理好中华优秀传统文化与马克思主义之间的内在关系显得尤为关键。从价值论的角度来看，中华优秀传统文化所追求的精神与马克思主义所倡导的"全人类的自由和解放"理念有着异曲同工之妙，两者在深层次的文化语境中相互呼应。因此，借助中华优秀传统文化的深厚底蕴来重塑当代中国人的文化信仰，可能更具凝聚力和感召力。这种结合不仅有助于更好地理解和传承传统文化，还能在现代社会中赋予其新的时代意义和价值，从而推动中华文化的持续发展和繁荣。

基于这种共识，近年来，学界和政策层面都在积极推动传统文化的复兴。各地各高校纷纷掀起了一股复兴传统文化的热潮，甚至有些地方出现了回归传统的趋势，如穿古装、行古仪、说古文、背古诗等。这些举措无疑为传统文化的复兴注入了新活力。然而，需要明确的是，复兴并不等同于简单的回归或模仿。真正的复兴在于将传统文化进行现代转换，使之与现代社会相契合。关键在于明确我们要复兴的是什么，以及如何复兴。只有这样，才能真正实现传统文化的现代转型，让其在现代社会中焕发新的生机和活力。

在深入剖析中华优秀传统文化的本体和价值层面时，应当采取辩证的视角来审视其独特的"人本主义"思想。马克思主义理论为我们提供了一个深刻的理解框架，指出人的本质在现实层面上表现为社会关系的总和，这一人学本体论精准地揭示了人的社会性本质，这与中华优秀传统文化中强调的人本主义思想不谋而合。马克思主义进一步指出，人类的感性需求是客观存在的，且这些需求是道德和精神发展的基石。然而，这种需求的满足并非仅限于少数人，而应广泛惠及社会的每一个成员。因此，社会整体的自由成为道德价值的基准。在理念上，马克思主义特别强调了社会平等的价值，这体现了其对于普遍幸福的追求。更进一步地，马克思主义认为，人类社会在此意义上的善，只是实现更高层次精神自由的前提。人类的终极善，是建立在精神自由基础之上的善，而这种善的实现，又依赖于全社会"所有人的自由发展"。这种视角为我们提供了一个新的理解框架，使我们看到中华优秀传统文化与马克思主义在解决现代性困境方面的共通之处。

在方法论层面，我们必须超越传统文化中"道德优先于制度"的既定思维。传统的制度设计常常陷入两种误区：一种是过度强调政治与道德的绑定，导致道德价值原则凌驾于政治制度的独立价值判断之上，从而过分依赖道德治国；另一种是在道德哲学的框架内，试图用道德价值原则来指导政治制度，却不经意间削弱了道德在制度构建中的基础作用，进而简化为法治治国。马克思主义为我们提供了一个更为全面且深入的视角，强调了个体道德与社会制度需要并行不悖地构建。政治制度的使命在于，在公平正义的精神指导下，引领人们追求精神自由的真善美境界。在这个过程中，国家制度在倡导统一的道德价值信念和原则时，并非简单复制传统社会的"政治与道德一体化"模式，而是作为一个积极的引导者，激发社会生活中的广泛讨论，以共识为基础推动价值观念和道德原则的形成。这种做法不仅有助于维护社会的和谐稳定，更能促进个体的全面发展，最终实现精神自由。通过这样的方式，我们能在现代社会中，更好地融合传统文化的精髓与现代社会的需求，推动社会的全面进步。

综上所述，复兴中华优秀传统文化的核心在于激发个体性与普遍性相统一的伦理精神，而实现这一目标的关键在于对传统制度设计进行革新。在这个过程中，我们可以从罗尔斯的"正义二原则"中汲取道德自由和伦理关怀的精髓，将制度设计的重心转移到激励利他主义上。在马克思主义关于人的本质作为社会关系的总和的深刻见解下，以及强调人的全面自由发展以每个人的自由发展为前提的理念中，应寻求文化价值理念的方向性转变。这种转变并非意味着要彻底摒弃传统或简单排斥现代性，更不是在马克思主义理论框架之外另起炉灶。相反地，其应该是传统文化、现代性与马克思主义之间的深度融合与统一。

第四节　中华优秀传统文化在高校思想政治教育中的价值

当前，我国正步入社会转型的关键阶段，改革的浪潮涌动不息。在这个时代背景下，当代大学生身处文化多元、思潮交织的洪流之中，他们的价值观和世界观正受到前所未有的冲击与考验。正是在这样的背景下，我们深刻认识到，传统文化的价值与力量不容忽视。传统文化作为中华民族的精神瑰宝，对于当代大学生来说，具有举足轻重的意义。它不仅能够引导大学生树立正确的价值观，塑造他们良好的道德操守，还能坚定他们的社会主义理想信念，增强他们的爱国主义精神和社会责任感。可以说，传统文化的教育与传承，直接关系到我国社会主义建设的基石是否稳固，关系到中华民族伟大复兴的中国梦能否顺利实现。因此，我们迫切需要加强传统文化与大学生思想政治教育的结合。通过深入挖掘传统文化的精髓，将其融入大学生的日常教育中，引导他们深入理解传统文化的内涵和价值，从而培养他们的文化自信和民族自豪感。同时，要注重实践教育，让大学生在亲身实践中感受传统文化的魅力，增强他们的社会责任感和历史使命感。

一、中华优秀传统文化对高校思想政治教育的意义

（一）中华优秀传统文化对大学生的意义

1. 树立正确的世界观、人生观和价值观

历经数千年的风雨洗礼，华夏大地孕育出了璀璨夺目的传统文化瑰宝，这些文化瑰宝包括儒学、道学、佛学、易经、中医、武学、文学、书法、绘画以及饮食等，无一不展现出深厚的底蕴与广泛的内涵。若要用四字概括，那便是"博大精深"。在这一博大精深的文化体系中，中国传统教育尤其注重受教育者的道德修养。不仅仅停留在技能或知识的传递上，更是致力于塑造一个人的人文品格和道德观念。从古代的课程设置中，可以看到礼、乐、射、御、书、数等多种内容，共同构成了培养德性与才艺的全方位体系。虽然射、御、书、数等技艺的学习不可或缺，但教育的终极目标是提升个体的道德境界和人文情怀。

在中华优秀传统文化中，崇尚道德始终是首要的价值追求。子曰："仁远乎哉？我欲仁，斯仁至矣"（《论语·述而篇》）人们通过不懈努力，期望实现"天下归仁"（《论语·颜渊》）的理想境界。在这样的文化背景下，道德教育自然成为文化教育的核心。中华传统教育并非仅仅局限于知识的传授，而是更加注重伦理教育和人格修养。道德教化和人格完善被视为人生最重要的部分，相比之

下，纯知识的追求则显得次要。这种将道德教育置于核心的教育理念，对于当今的高等教育依然具有深远的启示意义。

在当今全球化时代，传统的道德价值观正面临着西方多元化思潮的严峻挑战。这种冲击使得一些不利于大学生形成正确道德价值观的信息渗透进他们的日常生活，导致部分大学生在道德选择上感到迷茫和困惑。正是在这样的背景下，中华优秀传统文化为大学生提供了宝贵的道德指引和典范。孔子等古代先贤的思想与言行，以及像文天祥、梁启超、曾国藩等历史上的仁人志士，他们的高尚情操和爱国主义精神，如同明亮的灯塔，为大学生照亮了前行的道路。这些典范不仅为大学生提供了道德实践的参考，更教会了他们如何为人处世，如何成为一个有道德、有责任感的人。中华优秀传统文化，经过数千年的传承与积淀，蕴含了深厚的智慧和哲理。这些文化精髓不仅在当时社会具有深远的影响，而且经过后人的筛选和提炼，依然对现实社会具有重要的指导意义。不仅塑造了一代又一代中国人的品格，也为当代大学生的思想政治教育提供了宝贵的资源。

将中华优秀传统文化融入当代大学生的思想政治教育中，不仅有助于大学生树立正确的世界观、人生观和价值观，还能引导他们在复杂多变的社会环境中保持清醒的头脑和坚定的信念。然而，这一过程并非一蹴而就，需要大学生具备坚定的意志和毅力，甚至需要他们牺牲个人的某些利益。只有这样，他们才能成为一个真正高尚、纯粹、有道德的人，一个能够为社会作出贡献的人。

中华优秀传统文化在提升大学生思想文化素养方面扮演着至关重要的角色。这一博大精深的文化体系蕴藏着丰富的精神营养，涵盖了科学艺术、深邃的思想观念以及坚实的道德规范。通过学习中华优秀传统文化，大学生不仅能够深化自己的文化素养，还能在理想人格的塑造上获得重要启示。尤其值得一提的是，中华优秀传统文化特别注重人际关系的和谐与集体主义的价值观。这种精神内核有助于大学生培养"仁爱孝悌"的传统美德，从而形成健康、积极的人生态度。此外，这种文化的传承对于大学生形成正确的世界观、人生观和价值观具有深远的影响。

当前，我国改革开放正在向纵深发展，从传统的计划经济向市场经济转型，这一变革带来了社会的深刻变化。然而，市场经济在带来物质繁荣的同时，可能导致功利主义、拜金主义和个人主义的泛滥。面对这样的挑战，更需要呼唤人文精神，努力在物质文明与精神文明之间寻求平衡。因此，在高科技和经济迅猛发展的今天，大学生不仅要追求科学的进步，更要注重自身人文素养的提升。通过学习和传承中华优秀传统文化，大学生可以培养出更加深厚的文化底蕴和更高尚的道德情操，为社会的和谐与发展贡献自己的力量。

2. 培养爱国忧患意识

在当代大学生的心中，爱国主义情感是深厚且多维度的，体现在对祖国丰富文化的热爱、对壮丽山河的赞美以及对国家和同胞的深情厚意之中。爱国主义不仅是民族精神核心，更是激励我们不断前行的强大动力。只有当每个人都怀揣着对同胞和祖国的深情厚爱，国家才能在历史的长河中屹立不倒，文明才能持续绽放出更加璀璨的光芒。

在中华优秀传统文化中，爱国主义有着最为直观和深刻的体现。无数爱国先烈，用他们的生命和热血，诠释了爱国主义的真谛。他们为了维护国家的统一、热爱自己的祖国，甚至不惜与敌人抗争到底，将爱国主义的精神推向了巅峰。这些先烈的英勇事迹，不仅让我们深感自豪，更激励着我们肩负起实现中华民族伟大复兴的重任。历史已经证明，中国是一个坚韧不拔、充满智慧的伟大国家，中华民族也必将实现其伟大复兴的梦想。作为当代大学生，我们应当继承和发扬先烈的爱国精神，将个人的发展与国家的前途紧密相连，共同书写中国未来发展的辉煌篇章。

3. 树立民族自信心和自豪感

在推动国家与民族持续发展的道路上，民族精神无疑是一股不可或缺的强大力量。若一个民族缺乏自尊心、自信心与自豪感，那它将很难在全球舞台上站稳脚跟，更可能面临被边缘化甚至被剥削的境地。要铸就这样的民族精神，首要的就是培养自强精神，并在实际行动中深深根植爱国主义精神。

随着社会主义市场经济体制改革的逐步深化，社会道德领域正经历着前所未有的变革。传统的宗法——血缘关系为基础的伦理文化与价值观念，正在社会转型的浪潮中经受严峻的考验。不同社会阶层和利益群体间的价值观、利益诉求和道德标准日趋多元。作为中华五千年文明的传承者，当代青年大学生在民族复兴的征程中扮演着至关重要的角色。然而，目前部分大学生的精神风貌和状态却令人忧虑。

有些大学生以自我为中心，过分追求个人欲望的满足，追求一种与理性相悖的个人自由，这导致整个社会在一定程度上陷入了虚无主义和悲观主义的旋涡。为了维护高校的稳定，激发大学生的民族自尊心、自信心，并培养他们对民族的自豪感，从而振奋民族精神，已成为刻不容缓的任务。而要实现这一目标，加强大学生的传统文化教育无疑是一条重要且有效的途径。

4. 养成崇高完善的道德品质

在培养大学生的全面发展中，思想道德素质、科学文化素质以及身心健康素质的协调并进，构成了高校思想政治教育的核心目标。传统文化在此过程中的影响深远且全面，不仅涵盖了科学知识和专业技能的传授，更在思想观念、道德规范等方面对大学生的成长产生着深远影响。中华优秀传统文化从人与自我、人与他人、人与群体的三重维度出发，深入探讨了人际关系的处理原则，为当代大学生提供了宝贵的精神资源。其中，"仁爱孝悌"作为中华民族传统美德的精髓，不仅有助于化解大学生内心的冲突，还能促进其保持一种和谐、和顺的心理状态，从而塑造出理想的人格，形成崇高完善的道德品质。

5. 拓宽学习视野

学习传统文化能够极大地拓宽大学生的学习视野，打破固有的思维框架，使大学生能够跨越时空的界限，联想古今，立足实际，求实创新。值得注意的是，我们倡导学习的传统文化是经过"扬弃"的，即结合中国特色社会主义建设的实际，去其糟粕、取其精华，使之适应并促进社会主义和谐社会的建设。大学思想政治教育作为高校教育工作的核心，致力于引导大学生形成正确的人生观，探索人生的价值和意义，并培养符合时代需求、德才兼备的人才。在这一过程中，教育内容和途径的选择至关重要。因此，将传统文化融入思想政治教育的过程，不仅具有深远的意义，更是实现教育目标的关键所在。通过这一途径，能够更有效地引导大学生学会做人，实现全面发展。

6. 形成良好心态和健全人格

健全的人格，指的是每个人在人际交往和自我管理中所展现的和谐与完善。在中国深厚而丰富的传统文化中，人格的塑造一直被赋予极高的价值。因此，当代中国高校在大学生的思想政治教育中，应当深入挖掘和弘扬这一传统，通过结合现代教学方法和传统文化的教育智慧，共同塑造具有健全人格的未来社会栋梁。

健全的人格体现在个体的意志、情感和知识的完美融合之中。中国学者潘光旦先生正是这一理念的倡导者，他尤其强调意志和情感的培养。他认为，中华优秀传统文化中的"士与君子"思想为我们提供了宝贵的教育资源。[①] 以《论语·泰伯章》为例，其中"士不可以不弘毅，任重而道远"一句，不仅强调了坚韧不拔的意志力，更寓意了情绪的涵养与调节。儒家文化，作为中华优秀传统文化的重要组成部分，对于健全人格的追求有着独到的见解。儒家思想中的诸多教诲，如"己所不欲，勿施于人"（《论语·颜渊》）和"己欲立而立人，己欲达而达人"（《论语·雍也》），不仅体现了对他人的尊重与关怀，更为塑造健全人格提供了具体的行动指南。这些教诲教导我们要有同理心，尊重他人的意愿，同时也鼓励我们积极帮助他人，共同推动个人与社会的和谐发展。当下，高校应当将这些传统智慧与现代教学方法相结合，帮助学生建立积极的心态，塑造健全的人格，为社会培养出既有专业知识又具备高尚品德的未来人才。

---

① 潘光旦. 儒家的社会思想［M］. 北京大学出版社，2010：73.

7. 激励进取精神

在新时代的浪潮中，大学生作为时代的先锋，应肩负起自身的责任使命。虽然构建正确的人生观、价值观和世界观至关重要，但更关键的是如何将这些理念转化为实际行动，而非空谈。实现人生价值的过程，正如屈原在《离骚》中所言："路漫漫其修远兮，吾将上下而求索"，这是一个既漫长又充满挑战的过程。新时期的大学生应当具备健康向上、积极进取的精神，并辅以自强不息的奋斗意志。唯有如此，他们才能在时间的洗礼中逐渐实现自己的人生价值。古语有云："少壮不努力，老大徒伤悲"（汉《乐府诗集·长歌行》），这警示我们，若只是坐享其成、不思进取，终将遗憾终生。

回顾中华优秀传统文化，不难发现自强不息、顽强奋斗的精神贯穿始终。从古代神话故事中的"精卫填海""夸父逐日"，到"愚公移山"的传说，这些故事都展现了执着追求、不懈奋斗的精神风貌。正是这种精神，让中华民族在历经风雨后依然屹立不倒。如今，这种精神依然闪耀着时代的光芒，激励着大学生不断前行，追求卓越。

（二）中华优秀传统文化对教育理念的意义

中华优秀传统文化历来非常注重对人们道德素质的培养，因此古代教育非常重视道德教化，并且强调要在实践中自省，在外在的言行上表现出自己的道德修养来。这些中华优秀传统文化的教育思想充分体现了人们"以文化人"的精神。这些思想沉淀下来，也成了当代高校思想政治教育的宝贵资源，在现在的高校思想政治教育中，也要坚持这样的教育准则。

1. 培养整体观念

在批判继承的视角下，中华优秀传统文化对当代思想政治教育提供了丰富的启示和借鉴。从根本上说，中华优秀传统文化根植于深厚的农耕文明，构建了一个以宗法血缘关系为纽带、以伦理道德为核心的庞大而复杂的文化体系。这一体系对中华民族的思维方式、价值观念、行为准则和风俗习惯等产生了深远且潜移默化的影响。在思想政治教育领域，这些影响具体表现为华夏子孙独特的自然观念、民族精神、国家意识、社会理想和人生追求等方面。

（1）追求"天人合一"的和谐理念

在中华优秀传统文化中，"天人合一"是处理人与自然关系的核心思想。这一思想强调人与自然环境之间的紧密联系，认为人是自然界的一部分，源于自然并与之息息相关。正如道家经典《道德经》所述："道生一，一生二，二生三，三生万物。"这里，"道"即自然之道，万物皆由道生。然而，中华优秀传统文化并非简单地将人置于自然的附属地位。相反地，它强调人在自然中的地位和作用，认为人性的自我实现需要与自然相和谐。正如《周易》中的"三才说"所揭示的，"有天道焉，有地道焉，有人道焉"。这意味着人类应顺应自然规律，与自然环境保持和谐统一的关系。

在这种思想指导下，人类应当采取顺从、友善的态度对待自然。通过返璞归真、知天命而用之，人类可以合理地开发、利用和保护自然环境，实现与自然的和谐共存。这种人与自然的和谐与统一，不仅有助于人类自足其性，更是达到理想境界的基本路径。因此，在思想政治教育中，应弘扬"天人合一"的和谐理念，引导学生树立尊重自然、保护环境的意识，为实现可持续发展贡献力量。

（2）恪守"自强宽厚"

民族指人类历史发展过程中所形成的具有共同的、稳定的心理素质和精神品质的人的共同体。中华民族是由以汉族为主体的五十六个民族，在长期的共同生活中逐渐融合而成的温暖的大家庭。在这个大家庭中，各族人民互帮互助、互谅互让，同心协力地应对自然和社会中的一切挑战，逐渐孕育出光辉灿烂的传统文化，并进而积淀出以爱国主义为核心的伟大民族精神。

我们的民族精神深深地渗透于以儒家思想为主流的中华民族特有的政治、教育和伦理道德之中，其基本要旨主要包括两个方面：一是"天行健，君子以自强不息"（《周易·乾》）。这句话形象地概括了中华民族刚健有为、奋发向上的民族精神。孔子说过："不知命，无以为君子也。"（《论语·尧曰篇》）其弟子曾参也认为："士不可以不弘毅，任重而道远，仁以为己任，不亦重乎？死而后已，不亦远乎?"(《论语·泰伯章》)这对知识分子的刚毅品质提出了要求。这些都形象地体现了中华民族百折不挠、善进取的开拓精神和刚毅果敢、坚忍不拔的传统美德。二是"地势坤，君子以厚德载物"(《周易·乾》)。这句话集中阐述了中华民族精神中宽宏博大、兼容并蓄的内在情怀。

（3）信奉群体至上

中华优秀传统文化深植于对国家利益、集体利益和大局利益的尊重与推崇之中。这种集体主义精神，作为传统文化的核心要素，构筑了传统国家意识的坚固基石。在中华优秀传统文化中，天、地、人被视为一个不可分割的整体，国家、家庭和个人之间的利益紧密相连、和谐统一。这种以群体至上为特征的国家意识，不仅塑造了中华民族的整体主义精神，为国家的长期稳定和统一提供了坚实的心理支撑，还孕育了深厚的爱国主义传统。在这种传统的熏陶下，中华民族涌现出无数爱国英雄，他们的爱国实践更是升华出立志报国的人生观和价值观。这种将国家和人民利益置于首位的价值取向，为中华优秀传统的道德教育积累了宝贵的财富，激励着后人不断为国家和民族的繁荣富强而努力奋斗。

（4）倡导"和而不同"的和谐理念

"和"是中华优秀传统文化中的核心价值理念。孟子曾言："天时不如地利，地利不如人和。"(孟子《得道多助失道寡助》)在协调国际关系时，孔子及其弟子强调"礼之用，和为贵"(《论语·学而》)，并倡导"四海之内，皆兄弟也"(《论语·颜渊》)的包容精神。宋代张载更是提出了"民吾同胞，物吾与也"(宋·张载《西铭》)的宏大理念，表达了对天下万物的深切关怀。这些思想共同构成了弘扬和谐精神的思想体系，成为中华民族处理人际关系和国际关系的宝贵财富。中国文化中的尚"和"思想不仅在中国本土产生了深远的影响，也引起了西方世界的关注。这种倡导和谐、包容差异的理念，对于促进不同文化之间的交流与融合，推动构建人类命运共同体具有重要意义。

2. 塑造圣贤品格

在中华优秀传统文化中，人格被赋予了深刻的道德内涵。特定的人格成为衡量道德水平的重要标志。追求圣贤品格，成为中华优秀传统文化的重要内容，也是传统思想政治教育的基本目标。通过培养高尚的品德和道德情操，中华优秀传统文化致力于塑造具有高尚道德境界的圣贤人物，为社会树立道德楷模，引领人们追求更高的道德境界。中国传统教育追求的是塑造具有圣贤人格特点的个体，道德品格的培养和社会责任意识一直居于古代教育的首位，古人提出了很多关于君子、圣人的标准，其要求人们去实践、去提升，最后达到"止于至善"的境界，这是最高的道德层次。

（1）圣人

圣人是中华优秀传统文化中理想人格的最高境界。关于圣人，孔子在《论语》中共有四次言及。在这些论述中，他把尧、舜、禹、汤、文、武、周公等中国远古的最高统治者所统治的社会看作人类的理想社会，把他们本人当成圣人，认为他们的道德风尚堪称理想的人格典范。然而，孔子在肯定了古代先王圣人品性的同时，又对现实中圣人存在的可能性加以否定。究其原因，应该在于孔子制订的圣人标准过于严格。因为，从孔子留在《论语》中的相关言语来分析，他所崇尚的圣人品格，正类似于《左传》中所说的"太上有立德，其次有立功，其次有立言"的"三不朽"事业创造者所达到的道德境界。

与孔子界定的圣人人格标准截然不同的是他的传人孟子。孟子从其笃信的性善论出发，认为既然人人都有仁、义、礼、智之"四端"，其结果便是"人皆可以为尧舜"（《孟子·告子章句下·第二节》）。孟子还站在儒家积极入世的立场上，把社会所需要的理想人格设计为善、信、美、大、圣、神六个不同的发展层次，并对每个层次的人格价值标准作出了相应的规定。他认为"可欲之谓善，有诸己之谓信，充实之谓美，充实而有光辉之谓大，大而化之之谓圣，圣而不可知之之谓神"（《孟子·第十四卷·尽心下·第二十五节》）。由此，孟子就为一般人经过努力而最终成为圣人理想的实现搭起了一座实实在在的桥梁。早在先秦时期，教育就以培养圣人人格为终极目标了，而这也正说明中华优秀传统文化中理想人格教育有着悠久的历史。

（2）君子

在中华传统文化中，君子形象是理性人格的核心典范。从实践角度出发，尽管圣人的人格标准崇高而伟大，但在现实生活中的操作层面上却面临诸多挑战和困难。相较之下，君子人格以其更贴近生活的理论阐释和更具可行性的实践路径，更容易被社会各阶层理解和接受。因此，对君子人格的研究和推崇，在儒家为代表的中华优秀传统文化中占据了举足轻重的地位。

"君子"概念，最早见于《尚书》和《诗经》。《尚书》中有五六处出现"君子"一词，《诗经》中见于《国风》《大雅》和《小雅》者，则多达一百五十多处，其义大致指社会地位，如"窈窕淑女，君子好逑"（《诗经·关雎》），"彼君子兮，不素餐兮"（《诗经·魏风·伐檀》）等。

在春秋战国时期，儒家思想赋予了"君子"深厚的道德内涵，使其成为社会上普遍追求的人格楷模。据记载，儒家经典《论语》中，关于君子的论述尤为丰富，共计六十多章，一百零七处提及"君子"，这充分体现了孔子对君子人格的极高评价和重视。孔子眼中的君子，是美好道德的不懈追求者和完美体现者，他们德才兼备，是理想人格的典范。对于如何实现君子人格，孔子提出了明确的要求：君子应超越物质利益的诱惑，将崇高的政治理想和抱负置于首位。他强调"君子谋道不谋食"，即君子应当追求的是道义而非物质享受。他还指出："而耻恶衣恶食者，未足与议也。"（《论语·里仁篇》）此外，孔子还要求君子必须具备坚定的道德气节，提出："临大节而不可夺"，意味着在面临重大考验时，君子应坚守道德原则，不为外物所动摇。同时，他还倡导"无求生以害仁，有杀身以成仁"，即君子在追求仁德的过程中，即使面临生死考验，也应坚守道德原则，不惜牺牲生命以维护正义和仁德。

（3）士或成人

士或成人是中华优秀传统文化中理想人格的基本标准。"士"的本义为具有"万夫不当之勇"的武士和能够"运筹帷幄，决胜千里"（西汉·司马迁《史记·高祖本纪》）的文士。从历史的长河中审视，武士与文士，尽管角色各异，但他们都承载着相似的政治使命——辅佐统治者，以"文韬武略"和"文治武功"的政治才能赢得社会的广泛认可，实现其个人价值。

无论是成士，还是成人，都必须具备基本的礼仪规范和人格尊严。儒家道德体系中，"成士"与"成人"的标志首先在于明晰"礼"的秩序。正如《礼记》所言："凡人之所以为人者，礼义也。"礼义的起点在于端正仪表、统一态度，以及言辞的顺畅。当这些基础条件满足后，才能进一步确立社会的秩序，使君臣关系端正，父子关系亲密，长幼关系和谐。儒家强调的是拥有坚定的志向。孔子曾言："三军可夺帅也，匹夫不可夺志也。"（《论语·子罕》）他强调，即使面对生命的威胁，也不能失去个人的尊严和志向。孟子也表达了类似的观点，提出："生亦我所欲，所欲有甚于生者，故不为苟得也。死亦我所恶，所恶有甚于死者，故患有所不辟也。"（《孟子·告子上·鱼我所欲也》）认为人格尊严的价值甚至高于生命本身，为了维护这一尊严，人们宁愿选择牺牲生命，也不愿屈从于侮辱。

可以看出，中华优秀传统文化对于成士和成人的人格理想，旨在培养一种社会责任感，引导他们超越个人的私欲，追求无私的道德境界。这种追求不仅是为了向圣人、君子的理想人格看齐，更是为了提高个人的道德水平和人生境界。

总的来说，"圣人人格""君子人格""士的人格"以及"成人人格"，都是中华优秀传统文化中对人的道德品质提出的全面要求，也是人之为人的核心标准。尽管在漫长的历史长河中，完全实现这些人格理想并非易事，但它们的存在无疑激励了一代又一代的知识分子，培育了众多令人敬仰的仁人志士。这些理想在思想政治教育中起到了至关重要的作用。

3. 注重言传身教

中华优秀传统文化注重言传身教，强调教育应该遵循身正为范、因材施教和循序渐进等基本原则。崇德、重德，德教为先，是中华优秀传统文化的光辉传统。孔子就曾对德教的重要社会作用做过说明，他说："为政以德，譬如北辰，居其所而众星共之。"（《论语·为政篇》）孟子也认为："仁言不如仁声之入人深也，善政不如善教之得民也。善政，民畏之；善教，民爱之。善政得民财，善教得民心。"（《孟子·尽心章句上》）只要"德教溢于四海"，社会就能保持稳定，人民就可以安居乐业。中华优秀传统文化在强调道德教化的重要性的同时，为其在社会生活中的实践做了较为详尽的规定，形成了许多富于操作性的思想道德教育原则。这些原则，从总的方面来看，可以归结为以下三个层面。

（1）因材施教

因材施教指在思想道德教育过程中，教育者根据教育对象的不同特点而相应地采用不同的教育方法，以充分调动受教育者接受道德教育的积极性和主动性，从而受到良好道德教育效果的一种德育原则。因材施教原则在中国传统道德教育中有着悠久的历史。早在两千多年前，孔子便在总结前人和自己教育经验的基础上首次提出了"因材施教"的思想。孔子通过日常观察，掌握每个学生的品德才识，由此确定不同的教育内容和进度。

（2）循序渐进

在思想道德教育的过程中，无论是通过口头传授实行因材施教，还是通过实际行动率先垂范，都应当遵循循序渐进的基本原则。这一原则强调，教育者应根据道德教育的内在规律和受教育者的身心发展特点，制定和实施相应的教育策略。通过有步骤、有计划的教育过程，逐步深化受教育者的道德认识，完善其道德行为模式。

（3）身正为范

在进行思想道德教育时，教育者自身的榜样力量和示范效应是非常重要的因素。孔子说过："其身正，不令而行；其身不正，虽令不从。"(《论语·子路》)他还指出:"君子之德风,小人之德草,草上之风必偃。"(《论语·颜渊》)这形象地说明了教育者自身的人品形象对受教育者的道德养成所起的重要作用。道德教育中榜样的力量不仅对于个人如此,对于整个社会来说,它的作用也是不言而喻的。作为整个社会道德的楷模,统治者的道德品质状况也直接影响着社会群体公正秩序和良善风俗的形成与发展,是整个社会思想道德觉悟与水平的晴雨表。要想在社会上树立良好的德风,统治者自己必须率先垂范,带头培养好自己的德性。

将言传与身教紧密结合,形成协同作用,共同构建思想道德教育实践的原则体系,不仅符合教育对象的身心发展规律,有助于提升他们接受道德教育的主动性和自觉性,进而增强教育的实效性。同时,这种原则体系在客观性和可操作性上的优势,也为教育者提供了更好的认知、理解和实践指导,从而增强了思想道德教育工作的目的性和针对性,提高了德育工作的效率。

4. 以人为本,以和为贵

在中华优秀传统文化体系中,"以人为本"和"以和为贵"的理念居于核心地位。构建和谐社会的愿景,并非仅追求物质层面的富足,而是更深层次地追求每个人能够自由发声、自由表达自身的追求与梦想。这样的和谐社会,不仅注重物质生活的富足,更注重个体在社会中的积极作用以及人际间的和谐互动,这才是真正意义上的健康社会。民族的伟大复兴,本质上是人的复兴,是为文明建设不懈努力的个体复兴。因此,和谐社会的构建,实际上是对人的价值与存在意义的深度肯定。同时,向每一位社会成员提出了更高的期许与要求。"以人为本"的理念,如同社会的基石,强调人的进步是社会进步的先决条件,人的发展是推动社会前进的动力源泉。而人与人之间的和谐,更是社会和谐的重要体现和不可或缺的核心要素。

自古以来,以人为本的原则便始终贯穿于众多成功的战略与方针之中。在中国这片拥有悠久历史的土地上,农业文明曾是封建统治的坚实基石,为国家的经济繁荣和财政稳固提供了源源不绝的动力。而在这一切背后，是占人口绝大多数的农民，他们的安定与繁荣，或是不满与反抗，都直接影响着国家政权的稳固和民众对政治的支持。如何妥善地对待人民群众，特别是广大的农民，成为历代先贤需要考虑的重大问题。从西周周公的"敬德保民"思想，到春秋战国孟子提出的"民贵君轻"理念，再到西汉淮南王刘安的"利民为本"策略，以及唐初李世民所倡导的"国以民为本"和"君舟民水"的比喻，直至清朝黄宗羲的"民为邦本"之论，这些思想逐步构建起了中国古代的"重农"和"民本"政治学说。尽管这些思想在维护封建制度、不改变君民间不平等关系的前提下发展，具有一定的历史局限性，但它们无疑为治国安邦、稳定政局和促进社会发展注入了强大的正能量。

如今，以人为本的思想在继承传统"重农""民本"思想的基础上，成为关乎农民根本利益的重要政治理念。这一思想的现代传承，对于构建全方位、多层次的社会主义和谐社会具有重要意义。遵循民本思想，能更好地促进社会各阶层的和谐共处，尊重劳动、知识、人才和创造，形成人人皆可成才、人才源自人民大众的观念。同时，将始终牢记群众利益无小事，确保发展的成果惠及全体人民。只有当所有社会成员享有平等的国民待遇，才有可能在此基础上建设中国特色社会主义和谐社会，为中华民族的伟大复兴注入新活力。

（三）中华优秀传统文化对思想政治教育效果的意义

将中华优秀传统文化融入大学生的思想政治教育中，无疑能显著提升教育的实效性。文化的渗透性和持久性特点，加之中华优秀传统文化深厚的历史底蕴，使得其能够潜移默化地影响大学生的思想情感，达到"春风化雨，润物无声"的效果，并逐渐内化为他们的思想品质和外在行为准则。

中华优秀传统文化的丰富资源，如文学、戏曲、书法、礼仪等，为大学生的思想道德教育提供了多样化的教学切入点。这种文化的浸润不仅能够激发大学生的学习热情和主动性，还能够提升他们对思想政治学习的兴趣，引发共鸣。这不仅拓宽了大学生思想政治教育的途径和方法，也使得教育方式更加多样化和丰富化，从而大大增强了大学生思想政治教育的感染力和吸引力。

二、中华优秀传统文化在高校思想政治教育中的功能

（一）中华优秀传统文化的政治教育功能

1. 中华优秀传统文化在社会主义核心价值观培育中的功能

传统文化作为培育社会主义核心价值观的宝贵资源，在促进核心价值观的养成方面发挥着不可或缺的作用。

第一，示范功能。传统文化在我国历史上的成功传播经验，为社会主义核心价值观的培育提供了宝贵的示范。我们可以从中汲取智慧，借鉴培育传统文化的成功经验，为社会主义核心价值观的培育提供指导。特别是传统圣贤的人格风范，如爱国、敬业、诚信、友善等品质，对高校学生乃至全社会都具有重要的示范意义，激励人们追求更高的道德境界。

第二，引导功能。在当前社会主流意识形态面临边缘化风险的背景下，利用传统文化引导人们自觉接受和践行社会主义核心价值观显得尤为重要。传统文化教育一直是教育的重要组成部分，在高校学生中拥有广泛的基础。因此，通过传统文化的引导，可以帮助学生更好地理解、接受并践行社会主义核心价值观，从而走出主流意识形态的困境。

第三，资源功能。传统文化是一种在人们培育社会主义核心价值观的过程中，可以被开发利用的重要资源。传统文化可以分为物质层面的传统文化、精神层面的传统文化和制度层面的传统文化。物质层面的传统文化可以通过中华民族艰苦的物质生活，教育人民为实现中国梦而奋斗。精神层面的传统文化通过历史时期的民族精神和优秀的传统道德，能够帮助人民立志于建设社会主义事业。制度层面的传统文化让高校学生在实际体验中感受社会主义制度的先进性，自觉树立社会主义核心价值观。

2. 以中华优秀传统文化培育社会主义核心价值观

高校应致力于将丰富多彩的活动融入学生生活当中，确保传统

文化深深烙印在每一位学子的心灵深处。这不仅符合时代的需求，更是对历史的传承与尊重。

（1）精准利用资源，深化传统文化教育

第一，应当充分挖掘和利用当地乡土资源。这些贴近生活的资源能更有效地开展传统文化教育，通过身边的乡贤榜样，触动学生的心灵。例如，部分地方高校已经成功与周边的传统文化教育基地建立合作关系，设立社会实践基地，定期组织学生参观学习，取得了显著成效。第二，仪式教育也是传承传统文化的重要形式。中小学通过冠礼等仪式培养学生的责任感，而在高校，同样可以通过各种仪式来传达传统文化所蕴含的精神内涵。第三，应充分利用网络资源。利用时间节点和特定仪式进行传统文化教育，如开学、毕业、获奖等重要时刻，以及元宵节、端午节等传统节日，都是绝佳的教育时机。同时，网络资源的利用不仅丰富了教育内容，还规范了学生的网络行为，引导他们自觉浏览传统文化网站，主动学习。

（2）多元化开展传统文化教育

第一，在思想政治教学中，应积极融入传统文化元素。思想道德修养的任课教师可以结合传统文化内容，使课堂更加生动有趣，提高学生的学习兴趣。古人的例子和光荣的历史都是宝贵的教学资源，与思想政治理论课的结合将相得益彰。这样的教学方式不仅能更好地传授传统文化，还能使学生在潜移默化中感受传统文化的深厚底蕴。第二，开设相关课程，举办各类专题讲座。开展传统文化教育也可以举办一些讲座。中国先辈的故事、中华民族波澜壮阔的历史、中国人奋勇拼搏为国增光的光荣事迹等，深受高校学生的欢迎。如果能请这些历史人物的研究专家现身说法，必然可以起到非常好的作用。第三，为了深化高校学生对传统文化的理解与感悟，可以编写一套针对他们的传统文化学习读本，并推荐一系列具有深度的传统文化书籍。这些读本应力求内容丰富、形式多样，并紧密结合现实，既可以讲述古代先贤的奋斗历程，也可以追溯传统文化的起源和发展，甚至可以包含一些历史趣闻逸事，以此激发学生的学习兴趣。

（3）开展传统文化实践活动

为了使学生能够更直观地体验传统文化的魅力，需要积极开展传统文化实践活动。高校管理者应高度重视这些活动，为其提供必要的支持和资源，确保活动的顺利进行。同时要鼓励学生将传统文化精神付诸实践。传统文化教育不应仅停留在理论层面，而应转化为行动，体现在学生的日常生活和学习中。为此，要鼓励学生设定明确的人生目标，树立为社会主义事业奋斗的崇高理想。同时，倡导学生以爱国、敬业、诚信、友善为行为准则，身体力行，成为传统文化的践行者。此外，加强课外实践活动至关重要。不能仅仅满足于理论学习，而应鼓励学生走出课堂，走进历史遗迹，走进现实生活，亲身感受传统文化的魅力。这样的实践活动将使他们对传统文化的理解更加深刻，从而更有效地培育社会主义核心价值观。

（二）中华优秀传统文化的思想教育功能

在马克思主义传入中国之前，中国人早已形成了自己独特的世界观和价值观。这些深厚的文化底蕴，为中国人接受马克思主义提供了坚实的思想基础。马克思主义之所以能够在中国生根发芽，其中一个重要原因便是其与中华优秀传统文化的深度交融。中国的知识分子正是从这种交融中，深刻理解了马克思主义的内涵。从历史的角度来看，中国最为杰出的马克思主义者——中共的领导人，他们都具备深厚的中华优秀传统文化素养。这种素养不仅丰富了他们的思想内涵，也为他们理解和应用马克思主义提供了独特的视角。

对于当代大学生的思想政治教育来说，虽然我们有与时代相符的指导思想，但同样不能忽视中华优秀传统文化的思想土壤。教育者应当深入挖掘中华优秀传统文化中的思想道德资源，以这些优秀的传统文化为桥梁，引导学生用更加全面的视角去审视问题，激发他们的学习兴趣和探究精神。不仅要注重学生的专业知识学习，更要加强心性的提升，让他们真正认识到求真与求善、致知与修为之间的紧密联系。通过这种教育，学生将能够重新评估自身的价值，正确定位自己，形成科学的世界观、人生观和价值观。在求学求知的过程中，他们将不忘初心，尊崇道德，从而实现自身的全面发展。

（三）中华优秀传统文化的道德教育功能

传统中国人非常注重道德修养。社会主义道德建设必须继承中华优秀传统文化中"讲道德、尊道德、守道德"的文化传统。道德素质发展的目标是促进主体道德认识、道德意志的发展。

1. 提升主体的道德认识

中华优秀传统文化中丰富的道德认识能够丰富主体的道德知识，提高其道德修养。首先，提供理性精神。德行与理性的一致性要求人们要依据理性的原则做事。中华优秀传统文化的理性精神首先表现为不受宗教束缚，大多数中国人并没有宗教信仰。儒家学说虽不是宗教但能够发挥宗教的作用。中华优秀传统文化的理性精神还表现为具有唯物论和辩证法的传统，中国人总是力求客观地认识世界和自身。其次，奠定道德知识的基础。传统文化中有着丰富的道德知识，它可以奠定人们道德修养的基础。例如，传统文化中有许多的道德格言，一句"天下兴亡，匹夫有责"就让人们明白对国家和民族的道德责任。最后，培养共同的道德意识。中华优秀传统文化不仅有助于个体形成一定的道德认识，还能在个体之间形成道德共识。

2. 激励主体的道德意志

传统文化在激励主体的道德意志方面发挥着重要作用，这主要通过榜样示范、外部强化以及环境熏陶等机制得以体现。第一，传统文化强调砥砺顽强性。它弘扬了一种坚韧不拔的奋斗精神，并高度重视个人的气节。在这种文化的熏陶下，个体无论面临怎样的外部环境，都会坚守自己的道德追求，不会因外界的压力或诱惑而动摇自己的道德品质。例如，中国共产党人在革命斗争中，正是凭借着对传统文化的继承与发扬，展现出顽强的品格，最终取得了革命的伟大胜利。第二，传统文化注重历练自制性。它倡导专注和自我克制，提出了"克己复礼"的道德要求。这种要求使人们在面对各种诱惑和挑战时，能够保持强大的自制力，按照社会的道德标准行事。通过传统文化的熏陶和教育，人们能够学会自我约束，不断提高自己的道德修养。中国文化倡导忍耐，主张人们遇事忍耐。最后，锤砺果断性。中华优秀传统文化推崇果断的意志品质，正所谓"言必信，行必果""谋而能断"，就是说做事情不要犹犹豫豫、瞻前顾后，想通了就迅速采取行动。

（四）中华优秀传统文化的心理教育功能

心理教育的最终目的是提高受教育者的心理素质。现代社会生活的飞速变化使人们的心理产生了不适应性，许多本身心理素质并不强大的人面对巨大的心理压力会无法合理地进行心理调适，乃至患上了心理疾病。而中华优秀传统文化中的心理思想有着独一无二的心理健康教育价值。大学生是心理疾病发生的高危人群。中华优秀传统文化对于个体心理健康的形成有着重要的意义。

1. 以乐观精神培育积极的心态

中华优秀传统文化有利于培养现代人积极的心态，而积极的心态会促进人的身心健康发展。

（1）引导积极的情绪

积极的理性认识和积极的情绪并不相同，明明从理性上分析知道某件事不应该感到消极与难过，但是人的主观情绪还是会产生消极悲伤的情绪。例如，如果某个人面试失败了，从客观理性的角度来说，这只是一件很正常的事情，而且就算那个公司的发展前景一般，人还是会产生悲伤与消极的情绪。而中华优秀传统文化可以引导人们产生积极的情绪。例如，古代文人如果遇到不愉快的事情就会用诗或词来抒发心中的不快，这样一来就排解了负面情绪，从而为产生积极的情绪提供了条件。

（2）培育积极的理性

中国传统的哲学智慧深藏着一种乐观的精神，为人们内心的积极态度提供了坚实的理性支撑。根据中国传统的辩证法思想，矛盾并非一成不变，而是处于不断地相互转化之中。尽管事物的发展道路往往曲折，但总体的趋势始终指向前进和进步。这种哲学视角鼓励我们在面对挑战时要保持乐观，坚信事物最终会向好的方向发展。从培育积极心态的角度来说，积极心态的建立是一定会发生的，只是时间的问题。中国传统辩证法尤其注意从事物的对立转化角度来对待消极的事物，强调要从困难中看到机遇，把危机化为转机，把坏的因素向好的方面转化。

（3）激发积极的行动

心理问题出现往往源于现实生活中的种种挫折和不如意，而要真正解决这些心理问题，关键在于改变那些不尽如人意的现状。在这个过程中，中华优秀传统文化为我们提供了强大的精神动力和行动指南。中华优秀传统文化中，不乏那些面对困境仍积极行动、奋发向前的典范。例如，文王在被囚禁的困境中创作了《周易》，仲尼在遭遇困境时撰写了《春秋》，而屈原在被放逐的境遇下创作了《离骚》。这些历史人物的故事，不仅展现了他们个人的坚韧与智慧，更体现了中华优秀传统文化中积极面对挑战、勇于行动的精神。这种精神，正是解决心理问题时所需要的正能量。它鼓励我们勇敢面对生活中的不如意，积极寻求改变，而不是逃避或沉溺于痛苦之中。因此，我们可以从中华优秀传统文化中汲取力量，激发自己解决问题的行动力，最终实现内心的和谐与平衡。

2. 以人伦精神形成和谐的人际关系

维护心理健康需要健康和谐的人际关系。中华优秀传统文化中的人伦精神有助于形成和谐的人际关系。

（1）化解人际冲突

人际冲突对和谐人际关系的建立是不利的。中华优秀传统文化关于处理人际关系的内容有很多，这可以帮助我们化解人际冲突。传统文化中化解冲突主要方法有两种：第一，"以直报怨"。对待仇怨要该怎样对待就怎样对待，不能因为别人对自己有仇怨就故意给别人使坏。第二，"忠恕为本"。对于他人的过失，抱持一颗宽容之心，对于自己的事业，抱持一腔忠诚，忠于自己的人生职责。

（2）促进积极沟通

人际关系建立的基本条件是沟通，传统文化中关于人际沟通的意义有许多论述。例如，《礼记·学记》说"独学而无友，则孤陋而寡闻"，意思是说和朋友在一起沟通对学业有促进作用。

（3）营造和谐氛围

和谐人际关系的形成与整体的社会氛围和群体氛围密切相关。在人际关系方面中华优秀传统文化强调要使五伦各得其所。

（五）中华优秀传统文化的创新教育功能

1. 中华优秀传统文化的创新性

随着社会的发展，各门学科的边界正在被打破，一门学科要想创新，就需要与其他学科融合，交叉渗透。这种交叉，其实是科学发展的必然，没有哪一个学科是能单独存在的。只有这样，学科才能进行创新，获得新的生命力，获得新的发展与进步。思想政治教育也不例外，也与很多学科有着交叉渗透，从内容上来看，它包含哲学、历史学、心理学、美学等方面的内容，涵盖多种与"人"有关的学科。而思想政治教育要想发展创新，也必须和这些学科深度交叉融合。

在我国，思想政治教育学科在几十年的发展历程中，成果丰硕，为社会主义建设作出了巨大贡献。但现代社会发展速度一日千里，已经与原来的发展形势不可同日而语，且比以往任何时候发展得都要快，经济一体化、信息全球化和大数据时代所带来的消费主义、快餐文化不断地冲击着我们的思想观念。在这种情况下，当代青年的认知方式和价值判断标准也发生了相应的变化，原有的思想政治教育形式和内容，都不能满足现实的需求，社会和时代都给思想政治教育提出了一定的要求。

推动中华优秀传统文化与思想政治教育的渗透融合，能够充分挖掘和发挥中华优秀传统文化在思想政治教育过程中的育人功能、稳定社会功能和整体凝聚功能，能够拓展思想政治教育研究的新视角，把植根于中国人内心的优秀传统文化精神与马克思主义中国化理论相结合，这是引领当代中国思想政治教育良性健康持续发展的必由之路和科学选择。中华优秀传统文化从来不缺乏创造力，向来推崇创新精神，它以自身独有的思维方式和价值取向为培养创新型人才打下了一定的基础。

（1）中华优秀传统文化的创新实践

中华优秀传统文化中有许多富有创新精神的实践活动，我们可以从思想文化、经济、政治和科技四个方面来分析中华优秀传统文化的创新精神。

第一，思想文化创新实践。中国先秦时代的文化被称为轴心期文明。当时的思想学术就已经在世界范围内领先了。这两大轴心文明的完美融合，标志着中国文化在历史长河中又一次实现了创新。这种文化创新不仅丰富了中国自身的文化内涵，也影响了东亚地区，形成了独特的东亚儒家文化圈，展现了中华优秀传统文化适应并融合不同国家、不同民族文化的卓越能力。

第二，经济创新实践。中国古代在经济领域的创新实践也堪称丰富。从经济制度的角度来看，从西周的井田制，到春秋战国的土地私有制、商鞅变法的实施、秦朝的货币统一、汉武帝的币制改革、西晋的户调式、唐代的租庸调法和两税法、明代的一条鞭法，再到清代的摊丁入亩，这些经济制度的不断创新为中国的经济发展注入了源源不断的活力。而在经济流通手段方面，中国同样展现出了卓越的创新力。从商朝的商业经济兴起，以贝类为货币，到西周金属货币的出现，再到宋代世界上最早的纸币——交子的诞生，这些都充分体现了中国在古代经济流通手段上的创新与突破。

第三，政治创新实践。首先，中华优秀传统文化的政治创新实践是创造了一个人口数量庞大、文化丰富的中华民族。其次，政治制度创新。中国古代的历朝历代实行了许多不同的政治制度。西周实行封建领主制度，秦则实行封建地主制政治体制。隋朝实行三省六部制，尤其值得一提的是创立了科举制。最后，政治改革创新。中国历史上出现了大量的政治改革实践。齐桓公任用管仲实行改革成为春秋五霸之首。战国时期先后有李悝在魏国的变法、楚国吴起改革、赵韩齐燕改革、秦国商鞅变法。

第四，科技创新实践。中国古代的科技创新有以下两个方面的特征：第一，科技创新水平长期位于世界前列。在 3 世纪至 13 世纪之间，中国科技水平遥遥领先于西方。第二，这些科技成果对世界各国都产生了广泛而深远的影响。

（2）中华优秀传统文化的创新思想

中华民族是一个推崇创新的民族。《周易》讲的是变易之理；法家的变法理论强调创新；兵家推崇新颖的思考方式，出奇制胜。

下面我们从三个方面深入剖析中华传统文化中的创新思想。

第一，人才是创新之本。中华优秀传统文化就十分重视人才的作用，强调创新要靠人才驱动。各朝代的君主帝王都十分重视人才，科举考试也是为了选拔人才、笼络人才。中华优秀传统文化当中也有许多反映重视人才的格言警句，如"三军易得，一将难求"。

第二，创新应是一种自然现象。中华优秀传统文化认为变化才是生活的常态，生活的本质在于不断变化，而创新和变化是分不开的。从政治关系来说，"一朝天子一朝臣"，政治权力格局在不断地变化。从财产关系来看，"千年的田地八百主"，财富永远处于变动的状态。从个人际遇来看，"黄河尚有澄清日，岂可人无得运时"（《增广贤文·上集》），人生有高峰有低谷，并不是一成不变和一帆风顺的。

第三，创新的质量高于数量。中华优秀传统文化十分重视创新的质量。古代文学家多年才出一部精品的大有人在。传统文化的创新质量观正是今天我们所需要学习的。

2. 传统文化经典与创新人才培养

在世界教育史上，经典曾经是最为重要的课本，经典教育曾经是最为重要的教育内容和教育形式。然而，随着时代的变迁和科技的飞速发展，经典教育逐渐淡出了主流舞台，教育活动也日趋多样化，从单纯的知识灌输向全面发展转变。尽管如此，在欧美等发达国家的高等教育殿堂里，经典教育依旧熠熠生辉，作为高等教育的核心要素。反观我国的高等教育现状，不难发现经典教育的缺失在一定程度上制约了人才培养的广度和深度。因此，重拾经典教育，将其融入现代高等教育体系，成为当前教育改革的重要课题。

（1）探索传统文化经典教育的新途径

为了培养更具创新精神和能力的人才，高校必须摒弃传统教科书的局限，引入经典教育。经典教育不仅能够弥补教科书教育的不足，而且能极大地提升高校创新型人才培养的质量。应当高度重视经典教育，让其在高校教育中焕发新的生机，成为教育体系的坚实基石。通过阅读经典，学生不仅能够领略到文化的博大精深，还能锻炼思维和享受语言。这种全方位的教育方式，将有助于学生培养创新思维和创新能力，为未来的发展打下坚实的基础。

首先，革新经典教育观念。说起经典人们最先想到的是"四书"、"五经"、《理想国》、亚里士多德等古老的名词。今天我们提倡的经典教育中的经典比这个范围要广泛得多，我们提倡的经典是古往今来所有的杰出著作，而不限定于先秦或者古希腊的经典。我们只有扩大经典的范围才能满足不同学校、不同专业、不同个体的教育需求。每一个专业都有自己的经典，也有一些经典是综合性的，不属于某一个特定的专业领域，还有一些经典是属于整个民族、整个世界的。我们主张对这三类不同的经典都要读，而不是局限于某一类经典。在经典阅读上要做到四个并重，即古今并重、中外并重、多学科并重和专业领域与公共领域并重。只有拓宽阅读视野，才能让经典发挥更大的作用。

其次，加强经典教育意识。要培养创新型人才，就要鼓励广泛阅读古今中外的经典，开阔眼界，增加思想创新的原动力。

最后，广泛普及经典教育的理念。在西方，名著阅读运动已经持续了数十年，倡导者坚信，阅读经典名著应当是一个持久的过程，跨越十年、二十年，乃至成为终身的学习追求。这是因为名著阅读对于个人的心智成长具有无可估量的益处，能够显著提升阅读技巧、交流能力、洞察力以及理解力。普及经典教育对于提升整个民族的文化素质和理论素养同样至关重要。经典名著具有历久弥新的特性，每一次阅读都能带来新的启示和感悟，魅力永不过时。因此，应当积极推广经典阅读，让更多的人领略到经典文化的魅力，从而推动整个社会的文化进步和理论创新。

（2）传统文化经典教育的意义

经典教育可以切实提高大学生的理论思维水平、思想原创力水平、专业学习水平和人文精神。在高校创新型人才培养中，加强经典教育可以弥补教科书教育的弊端，起到画龙点睛的作用，有利于创新型人才的培养。原典的内在丰富性与启发性是二手资料难以比拟的，要想在学问上得到最好的训练就必须进行经典阅读。

经典教育在提升大学生理论思维水平方面发挥着重要的作用。经典著作因其深度和复杂性，成为锻炼理解力的绝佳材料。相较于普通教科书，经典名著的阅读更具挑战性。然而这种挑战带来的收获也更为丰硕，不仅可以激发学生深入思考，活跃思维，更促进了学生智慧的成长。

此外，经典教育能培养大学生的原创性思维。经典著作作为智慧的结晶，其内容和方法都具有永恒的价值。这些方法不会因时间的流逝而失去意义，而是持续地给予读者启迪。

经典教育对于提高大学生的专业学习水平同样至关重要。每门学科都有经典之作，这些经典是学科的基石。学科的成立和发展都离不开经典著作的支撑。深入阅读和理解学科的经典著作，对于大学生来说，是提升专业素养、掌握学科精髓的关键。仅仅满足于教材上的知识，缺乏学术训练，将难以在学术道路上有所建树。大学生应从阅读经典开始，接受学术训练，为未来的学术发展打下坚实的基础。大哲学家费希特的例子便是一个很好的证明。他最初对哲学并无特别的兴趣，但通过阅读康德的经典著作，深深被哲学的魅力吸引，最终成为杰出的哲学家。经典著作对于知识的探索者来说，确实充满了无穷的魅力，对于提高大学生的专业学习兴趣和专业素养具有不可替代的作用。

第三章　高校思想政治教育与中华优秀传统文化融合的现状分析

中华优秀传统文化是我国文化软实力的重要组成部分。党中央指出，要深入挖掘中华优秀传统文化蕴含的思想观念、人文精神、道德规范，结合时代要求继承创新，让中华文化展现出永久魅力和时代风采。这里提到的"思想观念""人文精神""道德规范"与思想政治教育有着密不可分的关系。同时，党中央还将优秀传统文化教育视为国民教育的重点任务，并强调要在思想道德教育、文化知识教育、艺术体育教育等方面全面融合优秀传统文化内容，并贯彻在从启蒙、基础、高等到继续教育等领域。从国家层面对传统文化做出如此高瞻远瞩的计划，这就要求在高校思想政治教育体系中必须全面发挥其育人的关键作用。

第一节　高校思想政治教育与中华优秀传统文化融合的可行性

若要在高校思想政治教育视域下发挥优秀传统文化的育人作用，首先就应该弄清楚二者融合的可行性问题。综观当今时代人们的思想和行为方式，无时无刻不受到传统文化的影响，像我们经常说的"塞翁失马，焉知非福"（《淮南子·人间训》），福祸相互转化的人生态度其实就是从传统文化中而来。所以，我们应该从自己的文化背景来看新时代高校思政教育的育人功能。

一、中华优秀传统文化的潜在认同与思政教育需求相一致

思想政治教育的核心就是思想教育，它直接作用于学生的意识

形态层面。优秀、正面、积极的思想能够对学生起到科学的指导作用。中华优秀传统文化集合了不同历史时期中华民族最优秀的思想文化，它凝聚形成了富含中国特色的世界观、人生观和价值观。可以说，大众对传统文化有着一种潜在的认同感，其包含的人文主义精神是符合和适应新时代思想政治教育的理论和实践要求的。《周易·贲卦·象传》中写道"观乎人文，以化成天下"，它表达了一种"以文化人"的精神。随着时代的发展，这种"以文化人"讲的是以文化的力量去塑造人、感化人，尤其运用优秀传统文化、红色文化和社会主义先进文化去促进理想人格和道德境界的提升。文化最本体性的功能就是教育，它可以促进个体人格的完善，博大精深、灿烂辉煌的中华优秀传统文化积淀着中华民族最深层的精神追求。优秀传统文化这块"沃土"为高校思想政治教育工作的开展提供了丰厚养分，是完成"以文化人""以文育人"的珍贵文化资源。中华优秀传统文化内涵丰富，其强烈的家国情怀、奋发不息的进取精神，以及"己欲立而立人""己所不欲，勿施于人"的仁爱精神等都和思想政治教育的目的不谋而合。

中华优秀传统文化作为"伦理型"文化是人类创造财富中的一环，它重视道德教育，以"修身"为个人品格提升的基本路径，以"圣人"为基本的价值目标，像《大学》里所说："大学之道，在明明德，在亲民，在止于至善。"这句话的意思是说大学的目标就是彰显光明的品德，要学会反省自己并推己及人，让人人都能够弃恶从善，最终达到一个完美的道德境界并可以长期地保持下去。一个民族和国家必须有核心价值观，否则社会就不会向前发展。这揭示了中华优秀传统文化的三大价值理想：第一，要"明明德"，即个人要保持向善之心，加强道德品格的提升和修炼；第二，要"亲民"，要将这种向善之心推己及人，能够让大众也形成这种"向善之心"；第三，要"止于至善"，即全社会完美和谐境界的达成，这也是儒家强调的理想社会和最高目标。而与此相对应，高校思想政治教育是以人的思想品德为直接作用对象和目的，它的核心也是培养人的道德品格和思想政治素质，这一性质决定了它的目标是"培养什么人"和"如何培养人"的问题,马克思主义将社会主义和共产主义作为理想社会的目标,其中,人的全面而自由的发展、道德素质的全面提高是显著特点,而思想政治教育在其中就起到了重要作用。因此,高校思想政治教育和中华优秀传统文化在"修德""铸魂"方面有着潜在的一致性。

二、中华优秀传统文化与思想政治教育的内容共通性

在思想政治教育的核心任务中,其中一项至关重要,那就是引导教育者和被教育者自发地、积极地投身于学习和认同本国、本民族的文化之中,从而共同构筑一种坚不可摧的文化自信。中国的道路自信、理论自信、制度自信、文化自信,其核心基石,正是建立在数千载璀璨文明传承之上的文化自信。这种自信并非凭空而来,而是源自我们对本民族传统文化的深刻认同和珍视。因此,必须不断加深对传统文化的理解和尊重,以此来进一步巩固和提升我们的文化自信。

在很多人看来,中华传统文化就是"四书五经",就是摇头晃脑地背《论语》《孟子》,但实际上传统文化的内容丰富广博,音乐、舞蹈、曲艺、诗词等都是其中的重要方面。传统文化不是单纯地教人以知识,而是注重教人德行和品格,它的很多内容与思想政治教育在关注民族未来和个人全面发展的内容上是共通的。比如,传统文化中的"家"文化,中国人历来重视以"家"为纽带的亲情血缘关系,像常说的"落叶归根""家和万事兴""阖家团圆"等都是在强调家的归属感。"家"文化强调的是一种凝聚力、使命感和责任感,其中丰富的德育理念和思想政治教育在内容上是共通的。以"家"文化中内涵的家风家训为例,历史上的很多先贤都有自己的家风:颜氏家族延续 79 代,以"儒学传家、忠孝治家、勤俭持家、才艺兴家"为训;陆游家族讲求"忠义家风";山西闻喜裴氏以《河东裴氏家戒》10 条 637 字告诫子孙"不能怎么做",相对应地又以《河东裴氏家训》12 条 432 字告诉子孙"必须怎么做",其

以正反两面双向教育，引导子孙的行为规范。^① 这样的家风家训在现如今的思想政治教育中处处体现，如不同阶段的思想政治理论课里都有相应的内容体现家庭伦理、责任感。

当然，中华优秀传统文化虽然在内容上与新时代的高校思想政治教育有诸多共通之处，但它们的教育内容也不是完全重合的。比如，高校思想政治教育的教育内容是建立在我国当前的基本国情之上的，这和传统文化中大部分内容基于古代社会的国情是不一样的。又如，在世界观、人生观教育上，当前的高校思想政治教育是以马克思主义为指导，包含辩证唯物主义和历史唯物主义的教育，而传统文化中有一些内容还带着机械唯物主义或者是唯心主义的痕迹，这些都需要我们在对传统文化进行现代化"改造"继承时予以甄别，去粗取精、去伪存真。

三、中华优秀传统文化与思想政治教育在手段和方法上具有相似性

思想政治教育和中华传统文化在教育方法上有很多相似性和共通性，这也为二者的融合奠定了方法论的基础。在现代教育学的视域下，教育方法指的是在一定的教育理念或思想的指导下为实现某一教育目标而采取的途径或者手段。它的基本要义在于师生之间的双向互动，一般情况下，教师的教学都是以内容灌输为主，学生则是被动式地接受，教师在教育教学活动中起到载体和媒介的作用，而学生则是知识、信息的接受者和储存者。

从古至今，古人对传统文化的教育方法有很多，总的来说，有以下四种。第一，言传身教，注重学思和知行合一。《论语·为政》里讲："学而不思则罔，思而不学则殆。"强调既要学习，也要善于思考。在道德教育中，古人强调知行合一，既要学也要将其运用于实践当中。这一点与思想政治教育既看重理论学习，也强调实践教学的教育理念和方法是不谋而合的。新时代的高校思想政治教育不

---

① 张琳，陈延斌．传承优秀家风：涵育社会主义核心价值观的有效路径［J］．探索，2016（1）：166－171．

再是以往"填鸭式"的理论灌输模式，而是在课堂教学中进行创新和改变。传统文化教育讲求"因时而变、因势而变"，在高校思政教学中，教师作为主体不断地探索将新媒体、新科技运用于课堂教学中，如，结合 VR、5G 这些新技术，包括运用双向互动式多媒体课堂等。而在实践教学方面，不仅是继承传统的"课内实践""第二课堂"，如社会实践调研、志愿公益活动等方式，而且将其内容扩展，形成了"三方网格式教学"。第二，利用课堂进行"课内实践"。有的高校结合时事进行学生述评，有的高校利用影视进行红色影视作品赏析或者课堂情景剧再现等。第三，利用"青马班"的马克思主义理论学习、勤工助学、社会实践、大学生支教、"三下乡"等活动。第四，在线实践，利用网络教学平台，通过远程学习、在线课堂等模式进行。在这方面，国家一流本科课程的评定中专门设置了"虚拟仿真实验教学课程"的门类，鼓励各高校通过 VR 设备让学生能够身临教学内容的真实情境之中，比如，在化学课上进行虚拟仿真实验的操作，学生通过戴上 VR 设备可以真实地模拟化学实验的各种方式方法，增强对理论知识的掌握。

因材施教，注重修身。古代教育倡导因材施教，学生的特点不同，教育教学方法也不同。比如，孔子就很提倡要根据学生不同的资质、背景和特点来进行教学，朱熹曾评价："夫子教人，各因其材。"（《朱熹·四书集注》）这一点在道家也有体现。道家讲求"道法自然"，即顺应事物的本性、规律来办事，在教育理念上，他们讲求要按照教育的规律，学生的本性、年龄、禀赋等进行教学，切忌拔苗助长或者一概而论，"或行或随，或歔或吹，或强或羸，或载或隳"①。高校思想政治教育最根本的教育教学原则就是因材施教。不同阶段、不同年龄的学生对思政内容的接受度、理解度不同，因而在教学方法上要体现出差异性。除此之外，不同类型的高校、专业也存在差异，理工类、医学类、艺术类、综合类、人文类等高校的专业特点明显，在教育教学手段上也必然存在差异。现如今，思政教育无论是国家层面还是学校层面都强调要根据学生特点

---

① 王凯. 老子《道德经》释解 [M]. 北京：人民出版社，2012.

和层次"因材施教"。比如，高职类院校的思政课开设有"思想道德与法治""毛泽东思想和中国特色社会主义理论体系概论"和"中国近现代史纲要"；普通高等学校开设有"马克思主义基本原理""毛泽东思想和中国特色社会主义理论体系概论""思想道德与法治"和"中国近现代史纲要"。可以说，高等学校在思政课的内容选择和衔接上都做到了"因材施教"。再如，不同类型高校的思政教育，也需要根据不同特点来进行，艺术类高校应该更偏重课程的实践性，以舞蹈、戏剧、音乐等形式来进行思政课的导入和讲授；理工类高校可以将科技、大国工匠等穿插到课程当中。

中华传统文化在教育方法上体现的是根据受教育者在不同发展阶段的特征，积极预测可能产生的矛盾和冲突以及会遇到的教育问题，尤其是敦促教育者在问题未发生之前应该做好准备。例如，《道德经》里就提道："其安易持，其未兆易谋，其脆易泮，其微易散。"大意就是说做事情在它尚未出现冲突和矛盾时就要有所预防，局面安定时也要积极考虑它可能会出现的负面的迹象并处理妥当。治国理政，也应该有居安思危的意识，在祸乱还没出现之前就要做准备。要做到"为之于未有，治之于未乱"（春秋·老子《道德经》第六十四章）。除了做到教育的预防性，"为学日益，为道日损"（春秋·老子《道德经》第四十八章）的循序渐进的教学方法也是传统文化的教育原则之一。老子说："合抱之木，生于毫末；九层之台，起于累土；千里之行，始于足下。"（春秋·老子《道德经》第六十四章）在学习上，点滴的积累非常重要，只有积累一定的量，最后才能达到从"无"到"有"的过程，这也符合受教育者的学习规律。与此相对应地，高校思想政治教育也强调预防性和循序渐进性。在实际教学过程中，教师会针对学生可能出现的情况进行教育教学的"预准备"。比如，在大思政的背景下，心理咨询和治疗就会首先对学生可能出现的反应进行预测，并做出合理的治疗建议。在思政教学中，教师也会对课堂教学中可能出现的后果进行预测并在备课时进行预案解决。在教学的循序渐进方面，小学、初中、高中、大学的思想政治教育是有阶段和梯度的，这样的决策实际上是遵循了哲学和心理学上对人的认识规律的揭示。马克思主义哲学认为，人的认识是建立在实践基础上，不断循序渐进的，从实践到认识，又从认识到实践的螺旋式上升过程。思政教育的不同阶段有各自的目标和定位，大学阶段，学生的认知思维有了很大提升，重在课程的理论性，增强使命担当；高中阶段重在提升政治素养；初中阶段则是筑牢思想基础；小学阶段是以启蒙为主，重在道德情感的启迪。

　　中华优秀传统文化的教育模式不是单纯的理论灌输和注入式教育，它往往采用典型榜样的教育方式。上自天子下到百姓，榜样的引领作用无处不在。比如，明万历年间，大学士、内阁首辅张居正为了给小皇帝更直观地诠释帝王之道，专门组织人编写了《帝鉴图说》，这本著作分上、下两部，上部起自舜尧，下至唐宋共 23 个帝王，选取他们的"善可为法者"事迹，下部则收录 20 个帝王的"恶可为戒者"劣行，通过正反两方面的典型事例让小皇帝能够以史为鉴，励精图治。比如，该著作中描写的正面典型事例有汉高祖刘邦的"任用三杰"、唐太宗李世民的"弘文开馆"等；负面典型事例则有秦始皇的"焚书坑儒"、宋徽宗赵佶的"应奉花石"等。与此相应，新时代的高校思想政治教育也将典型教育作为了重要手段，无论是学校大思政下学生工作中的思想政治教育，还是传统的思想政治理论课，榜样的模范引导作用都是教师会重点融入的内容，比如，在讲到"人民群众在历史中的作用"时，可以列举一些典型事例，如钟南山、张定宇、黄继光、邱少云等的事例，以典型模范作用让学生能够见贤思齐，唤醒他们善良高尚的道德品格，以此达成更好的教育作用。

第二节　高校思想政治教育与中华优秀传统文化融合的困境

　　中华民族在五千年的岁月中创造了丰富厚重的历史文化，构造了中华优秀传统文化的基础，这为思想政治教育提供了丰富资源，有助于增强教育内容的互动性和文化力。可从实践来看，在二者的融合过程中还存在一些困境，比如，中华优秀传统文化与不同专业特点的结合、中华优秀传统文化与思政课的"话语转化"问题、中华优秀传统文化与新时代思想政治教育结合的媒介和手段问题等。

一、与不同专业学生特点的结合问题

学生是教育体系中的核心，也是思想政治教育的主体，在大学阶段，不同专业的学生特点不一样，差异亦大，因此要求教师在进行思想政治教育工作时要结合不同专业的特点来进行。以艺术类高校为例，艺术生是高等教育中的重要群体，随着近年来我国艺术类高校和艺术专业的增多，艺术生的思想政治教育不仅有助于他们精神层面和人文素养层面的提高和丰富，更加关系国家的文艺和文化繁荣。党中央指出，繁荣发展社会主义文艺要加强文艺队伍建设，造就一大批德艺双馨名家大师，培育一大批高水平创作人才。而德艺双馨的艺术人才的培养不仅体现在专业学习中，同时也渗透在正确的价值观和理想信念中，这些都需要思政课和优秀传统文化的双向融合。

艺术类高校的专业种类多，学生的个性特点比较鲜明，以中央戏剧学院为例，就有表演、导演、戏剧文学、舞台美术、京剧、音乐剧、影视、戏剧管理等专业，而每个专业又细分成不同的研究方向，如戏剧文学系就有戏剧创作、电视剧创作、戏剧学和戏剧策划与应用4个方向。因此，在将优秀传统文化与思政课进行融合的过程中，需考虑各个专业的学生特点。艺术类高校的学生在思想上爱党爱国，积极拥护党的领导，但缺乏深刻的政治敏感度；他们感性思维丰富，实践力强，但易忽视理论学习；他们富有活力，积极向上，但易受到西方腐朽思想和多元文化的冲击，因此在将优秀传统文化融入思政课时还必须考虑这些因素。

再如，理工类院校的学生善于理性思维，动手能力强，对理论性较强、内容偏文科的思想政治教育课程兴趣不大，同时，传统文化也是偏重内容讲授，加之大量的古文内容，更是让理工科学生兴趣渐弱。因此，在将思政教育内容和优秀传统文化融合"汇入"理工类院校时，课堂讲授的生动趣味性显得尤为重要。

除了在讲授理论时思政教育、传统文化与不同专业学生的融合会出现问题，在实践教学中，问题依然存在。首先是由于思维惯性，教师普遍将实践教学简单等同于公益服务、社会调查，有的甚至与学生活动画上了等号，这些都抹杀了实践教学特有的学科性质。正因如此，传统文化与实践教学的融合也仅仅被简单归纳为组织几个与此相关的学生社团，或者组织经典诵读活动等，这样"形式性""随意性""以点带面""蜻蜓点水式"的教育活动不利于思政教育和传统文化的传播，有时还会引起学生的厌学情绪，挫伤学生参与的积极性，降低思政教育的实际效果。

二、"话语转化"问题

新时代思想政治教育与中华优秀传统文化的融合需要重视"话语转化"，关于"话语"的研究是教育学的重要内容之一，它指的是"在特定的社会、文化、历史环境下，人们运用语言进行交际的事件或这样一类现象"[①]。"话语转化"的本质就是要求同一种话语在不同的时代和环境下能够改变其内在的语言结构和外在的表达载体，适合当前时代的表达，增强其感召力。在实际的思政和传统文化融合教育的过程中，常常会出现"话语失真""话语失向""话语泛娱乐化"的问题，如果这些问题长期得不到解决，那将会背离思政教育和传统文化教育的目的。接下来，本书将以高校思想政治理论课为例，谈谈"话语转化"的问题。

高校思想政治理论课主要包括"思想道德与法治""毛泽东思想和中国特色社会主义理论体系概论""马克思主义基本原理""中国近现代史纲要"和"形势与政策"等课程。每门课程都有其独特的教材体系和教学内容，因此，中华优秀传统文化在与各门课融合时必须联系各门课程独特的教材语言，注重传统文化话语表达的艺

---

① 施旭.文化话语研究：探索中国的理论、方法与问题［M］.北京：北京大学出版社，2010.

术性、政治性、文化性和通俗性的结合。

在现实的教学活动中，常出现"话语失真""话语失向""话语泛娱乐化"等问题。比如，有的教师将传统文化仅仅理解为"儒学的普及化"，仅从"四书五经"中汲取资源，对优秀传统文化的理解更是片面和狭隘；还有的教师根本不理解传统文化的本真意蕴，对其内涵的理解一知半解后就乱联系思政课的相关理论，如将皇权神授、朝代更迭的"五德终始说"认为是有唯物主义基础，将宗教的鬼神之说与辩证法相联系等，这些都是对思政教育和传统文化的误读。同时，在对优秀传统文化的解读中，不能以马克思主义思想和社会主义核心价值观做引领，出现解读的偏差。从理论上说，中华传统文化的"原话语"应该与思政教学的"新话语"在价值导向上保持一致，这是二者"话语转化"的基本要求，但在实际教学中，有的教师片面理解，或者将传统文化中的糟粕融入思政教育，或者将马克思主义与中华传统文化的关系看成"决定与被决定"等。

另外，由于当今时代新媒体的高速发展，社会生活的网络化、娱乐化凸显，很多教师在用新媒体手段辅助解释优秀传统文化时容易出现语言的戏谑化，甚至有的教师为了迎合学生的"笑点"，将传统文化的经典解读"庸俗化"，变成一味地"讲段子""讲笑料"。传统文化的泛娱乐化表现为简单地将娱乐价值变成衡量文化高低的唯一标准，将流量和是否取乐变成文化价值的"终极裁判"，这种娱乐至上的观点对建设社会主义先进文化是极有害的。有的教师在思政教育中没有弄清"学术话语""政治话语"到"大众话语"和"网络话语"的转化问题，将传统文化中的经典内容以娱乐形式包装给学生，如将杜甫、李白的诗歌进行低俗化改编，将影视剧中的历史变为正史讲授。还有教师竟然随意调侃革命英雄，将近现代史上的"边角料"故事当作课堂教学的重点，学生上课时就像在听段子一般，而对理论和应该掌握的知识却没有提及。

"话语转化"的失衡究其原因，在于教师在教学活动中对思想政治教育与中华优秀传统文化的内容把握"不灵活""不到位""不生动"。众所周知，传统文化的基础在于古人的生活方式和时代特征，由于脱离了具体的语境，学生对传统文化本身存在接受和学习的难度，这个时候如果教师还是"灌输式"地"之乎者也"般地"硬讲解"，那势必会引起学生的反感，这种"为转而转"的教学模式僵化、单调，缺乏积极性和主动性。而有的教师片面照搬照转，比如，模仿《百家讲坛》或者某文化综艺类的名家、演说家的讲授方式生搬硬套、照猫画虎地传递知识给学生，脱离了特定语境和受教育的对象。思政课应该成为学生喜欢的课程，这里的"喜欢"就要求课程的讲授要有生动性，可有的思政教育者片面追求话语的趣味性和娱乐性，用表面的热闹降低了内容性，也降低了话语的品位和生动性，使得教学话语的转化缺乏生机和活力。人的需求、价值、追求包括精神等在内的价值理念是思政教育的重点，新时代的思政教育必须将这些方面与传统文化中的优秀内容相结合才能达成理想的效果。

文化是一个民族生存和发展的精神支柱，传统文化与思政教育的结合应该起到相互哺育的功能，传统文化应该为思政教育提供深厚的养分，可在"话语转化"问题上如果没有正确处理二者的关系，那就很有可能产生不可小觑的负面作用，也背离了思政课的政治性、严肃性和学术性。

三、媒介和手段问题

随着时代的发展，科技的进步，人类社会进入了信息化时代，在这样的时代中，高等教育面临着改革攻坚的重要任务，而高校思想政治教育同样也面临着改革，尤其是在与中华优秀传统文化的融合过程中，辅助多种新媒体手段进行教学会增强课程的趣味性和实效性，也能提高学生的"抬头率"。

在新时代的大背景下，推动思政教育与传统文化的"信息化融合"，媒介和手段很重要，现如今教师也在这方面下功夫，积极寻找适合自己也能让学生易于接受的方式，如利用微博、微信、线上课堂、慕课、微课等教学。一些教师对这些新媒体缺乏运用和探索，面对如此"花里胡哨"的载体，往往单一化、技术化和简单化地处理。比如，运用手机 App 进行课堂互动，因为事先对 App 没有进行全面了解，在课堂上使用时错误百出，有时还会弹出程序自带的商业广告，这样既影响课堂效果，也会降低教师在学生心目中的地位。又如，教师利用公众号对传统文化和思政教育进行传播，可开设的公众号缺乏专业有效的管理运营，最后导致"一开始热热闹闹"，没做几天就断更甚至弃号。

新时代的多媒体技术运用确实对思政教育和传统文化融合有很大的裨益，但其中需坚持的"守正创新"原则被一些教师忽略。"守正"，就是要守住正道，按规律办事。"创新"，即创造新的形式，有目的地进行创造性的活动。守正与创新是坚持马克思辩证唯物主义的具体体现，是对"旧"的突破与超越，也是在新时代的发展。在实际的教学活动中，一些教师没有明白"守正创新"的基本原则，或者将新媒体手段与技术生搬硬套到课堂。比如，《如果国宝会说话》这档文化综艺节目，介绍了我国的珍贵文物，如果将其趣味性地穿插到课堂讲授中，能够很好地激发学生兴趣，同时也达到了思政教育和传统文化的融合，可在实际操作过程中，一些教师仅将其简单播放，不做任何内容导入，也不做深层分析，学生看后"云里雾里"，也不明白播放内容和课程的相关性。还有教师对传统文化"一知半解"，讲述时仅依靠读经典，解意义，"生硬"地将其与思政课内容相联系，缺乏针对性。比如，在将戏曲艺术利用新媒体手段融入思政课堂时，一些教师连传统戏曲和现代戏曲都分不清楚，片面地将戏曲做创新，用年轻人喜欢的现代歌曲方式进行融合，学生听起来是挺有趣的，但听过后也是"一头雾水"，这样的方式一方面会抹杀戏曲的传统文化性，另一方面会将戏曲变得不伦不类，二者都没有兼顾到，因此也对教育内容没有帮助。

第三节　高校思想政治教育与中华优秀传统文化的相互赋能

思想政治教育是一门兼具科学和价值学的学科，它必须遵循人的认知特点和发展规律来进行。马克思主义哲学强调"矛盾具有普遍性与特殊性"，提倡"具体问题具体分析"，对思想政治教育来说，时代变了，对象变了，教育的方式方法也得跟着变。

一、因时而变、因势而变，构建新时代思政教育新体系

党中央多次强调思政教育必须用"信任的眼光""欣赏的眼光"，要提高教育的实效性和针对性，探索构建新时代思想政治教育体系。

构建新时代、新体系，是做好思想政治教育工作的重中之重。当代大学生主要是"00后"，他们思维活跃、见多识广、个性特点明显、独立性强、对问题的看法和角度很新颖，尤其是现如今东西方文化的交流碰撞，让这些年轻人脱离了单一传统的思维模式，开始持多元化和开放化的态度去看待事情。他们有独立的思考能力，心态也更开放，在面对理论型授课时更愿意在课堂上表现出活跃的一面，愿意主动参与到课堂讨论中。需要注意的是，有的学生在面对挫折时更愿意选择逃避或放弃，这表明他们的逆商和抗打击能力有待加强。

面对着"00后"大学生的新情况、新变化，各级各类学校中的思想政治教育工作就显得尤为重要。一方面，它要求教师在授课时要讲究方式方法，可以采取多种手段调动课堂气氛，增强学生主动参与教学的积极性和热情；另一方面，现在的大学生抗打击能力普遍偏弱，在遇到问题时，面对、分析、解决挫折的能力较弱，这就需要教师在思想政治教育的过程中多关注学生心理方面的问题，不仅仅是讲授知识，更重要的是要培养他们的情商和逆商。

马克思主义哲学强调物质与意识是辩证统一的，物质决定意识，意识会反作用于物质。在新时代做思想政治教育工作，必须处理好理想信念教育、国家安全教育、创新成果教育等方面的关系。思想政治教育是从人的思想入手，思想性是人的内在尺度和根本规定性，作为精神动力，信仰不断推动着人们从已知世界走向未来世界。在古代，"志"是人们对理想信念的解读，"有志者事竟成""鸿鹄之志"，都是古人对人生未来的期盼与向往。"做官先做人，做人先立德；德乃官之本，为官先修德。"古人在讲为官时将做人与修德放在第一位，习近平总书记也在多种场合强调崇德修身的重要性，而要做到这一点，理想信念教育是根本途径。崇高的理想信念能形成一股积极向上的精神动力，它不仅可以将社会引导到高质量发展的道路上，同时还可以提升人的自我修养与境界，约束和克服人性弱点。新时代的思想政治教育首先就要提升学生的理想信念，在四门必修的思想政治理论课中，"中国近现代史纲要"能提升学生的爱国情怀，促进学生形成正确的历史观，使学生能够正确分析历史事件，评价历史人物，深刻领会为什么在近代历史上，中国人民最终选择了中国共产党，选择了马克思主义，选择了社会主义道路。"于叙事中寓论断"，"中国近现代史纲要"以历史事实作为基础，深刻阐明中国近现代的基本问题和相关的理论观点，将国情、世情和党情融入大学生的理想信念教育之中，帮助学生划清历史上的重大是非界限，树立爱国意识和责任意识。

"思想道德与法治"是对大学生进行理想信念教育最重要的阵地，在课程中有专门的章节来论述理想信念教育，如人生观、价值观、道德规范等，它立足于对大学生全方位全面发展的关注，不仅要系统阐明马克思主义的基本理论，而且要积极、有针对性地回应大学生成长中的问题。"人民有信仰，国家有力量"，"思想道德与法治"的重要目标就是要引导大学生树立共同理想，扣好人生的"第一粒扣子"，补好精神之"钙"，树立远大理想，坚定崇高信念。作为马克思主义基本理论的集中体现，"马克思主义基本原理概论"则是要在引导学生接受并掌握马克思主义理论的基础上，使其自觉以辩证唯物主义与历史唯物主义的态度去看待和分析问题。比如，在课程的"导论"部分，其教学目标就是要从"知""情""意"3个层面树立马克思主义的崇高信仰，不能仅停留在对理论产生背景和内涵的"知"层面，而要更突出"情"和"意"的维度，突出马克思主义创始人的崇高形象，分析马克思主义产生的伟大意义。"毛泽东思想和中国特色社会主义理论体系概论"贯穿着理想信念教育这条主线，在教学内容中，信仰与科学，信仰与利益、理论、历史及现实的关系是它的重点。这门课程主要是通过对大学生进行中国特色社会主义共同理想的教育，引导学生将自己的人生追求和信仰自觉与中国特色社会主义伟大事业联系起来，继而去实现自己的人生价值。在教学中，应该着力揭示毛泽东思想和马克思主义中国化各个理论成果之间的继承与发展关系，分析其内在的哲学内涵。同时，要引导学生正确分析国情和世情，全面了解中国特色社会主义产生的理论和实践根基。当代大学生的思想呈现多元化、多样化和多变化，在全球化和东西方文化碰撞的时代，概论课需要教会学生划清中国特色社会主义与资本主义、民主社会主义的界限，辨清中国特色社会主义并不是资本主义和民主社会主义的变种及翻版，更不是新民主主义和传统社会主义的复刻，而是中国共产党人在正确分析国情的基础上做出的正确与伟大创造。在社会主义制度之下，个人利益要服从集体利益，局部利益要服从整体利益，暂时利益要服从长远利益。中国特色社会主义共同理想是广大人民根本利益的体现，代表了人民的意志和愿望，概论课在讲述"信仰与利益"时，要向学生讲清楚个人利益、集体利益和国家利益三者之间的关系，自觉做到维护国家利益，形成合力和凝聚力。

爱国，是每一个国人最重要的品格，爱国主义教育也是思想政治教育的重中之重。进行国家安全教育，树立总体国家安全观是爱国主义教育的新内容，也是思想政治教育的新领域。随着全球化的发展，我国的国家安全面临新的形势和局面，维护国家安全是全国人民的共同利益所在，我国自古以来就有居安思危、防微杜渐的意识，重视国家安全，既要从内部着眼，也要放眼世界，对内求发展、求稳定，对外求和平与共赢。总体国家安全观在社会领域会有多种表现形式，如经济安全、文化安全、生态安全、资源安全等，在中国日益走近世界舞台中心的新时代，将国家安全教育融入思想政治教育中，可以增强学生的责任意识，形成思想和价值共识。

二、新时代中华传统文化与思想政治教育的双重建构

中华传统文化是中国人民在长期的生产和生活实践中形成的世界观、价值观的反映，它是中华民族的瑰宝，也是中华民族发展与壮大的不竭动力。要对中华传统文化作进一步探讨，我们必须先分清中华传统文化的性质，明确并非所有文化我们都应该继承与弘扬。

新时代的思想政治教育要将优秀传统文化融入其中。近年来，有一些学校不加扬弃地将所有传统文化都进行了弘扬和继承，导致传统文化在实践过程中的简单化、教条化，出现了以假国学冒充真国学的情况。同时，有的地区将传统文化教育视作唯一内容，在对学生进行思想政治教育时，片面采用儒家经典来说教，而忽视了社会主义核心价值观教育。另外，一些教师在对传统文化与思政教育进行融合时，方式单一，有的仅强调读原著，有的仅强调原意理解，从而忽视了传统经典的现代价值解读。面对这些情况，新时代的思想政治教育与优秀传统文化的结合，并不只是单纯地在课程中加入相关的教学内容，也不是简单地用思想政治教育的相关术语去诠释传统文化，而是应该激活二者在育人方面的重要作用和内在生命力，发挥它们强大的影响力与号召力。

首先，要与时俱进，将优秀传统文化内容进行创造性转化，使其与新时代的思想政治教育相融合。例如，儒家思想中经常提到的"大同"与"小康"，这是对未来美好社会的期待。"大同"社会突出的是"天下为公""选贤与能"，整个社会的物质生产资料公有，人人平等，"盗窃乱贼而不作，故外户而不闭"（西汉·戴圣《大道之行也》）。而"小康"社会比"大同"社会低一等级，它以"家天下""礼制"为基本原则，整个社会强调"正名"，君臣、父子、

夫妻、兄弟之间各正其位。如今，我们已经完成了全面建成小康社会的任务，在讲"小康"时，我们应该重点讲儒家"小康"的来源，以及与现代小康社会的异同，其中，要摒弃传统"小康"思想中的等级观、君臣观。再如，儒家思想中提到的所谓"孔颜之乐"的德行观，它提倡一种安贫乐道的幸福，是一种只有极少数圣人才能达到的状态。如今，我们的物质生活与春秋战国时期已大不相同，如果还是片面、简单地弘扬"孔颜之乐"，教条化地要求民众去过苦日子，就会显得与时代不符，我们应该将儒家传统的幸福观做一种创造性的转化，建构一种个体幸福与社会幸福、幸福生活与幸福境界统一，集奋斗、享受和珍惜为一体的新时代幸福观。

其次，中华优秀传统文化与思想政治教育应该相互赋能，社会主义核心价值体系就是二者的重要结合点。作为"兴国之魂"的核心价值体系，不仅决定着新时代文化建设的前进方向，更对中国特色社会主义的发展方向起到了引领作用。富强、民主、文明、和谐、自由、平等、公正、法治、爱国、敬业、诚信、友善，24个字从国家、社会、个人三个层面做出价值界定，可以说，每一个词都是传统文化在当代的体现。以"爱国"为例，从古至今，爱国主义精神就一直是我们中华传统文化的核心内涵。红船精神、焦裕禄精神、北斗精神，这些都集中体现了中华民族共同的价值追求，在思想政治教育中，中国精神的融入可以让其了解渊源，从深厚的积淀中明确肩上担负的责任。

优秀传统文化属于观念上层建筑的范畴，马克思主义哲学强调，社会意识形态要通过实践外化于社会建设中才能发挥它的作用，思想政治教育不仅是理论教学，实践教学也是其重要一环。以往在对传统文化进行思政融入时，经常会出现说教化的倾向，即用刻板的先秦诸子百家之语进行说教，比如，在讲到仁、义、礼、智、信时，不讲其在现代社会的价值，而是单纯地解读其古代含义。因此，在传统文化与思想政治教育的双向赋能中，要重视实践教学，多开展综合性活动，实现思政小课堂与社会大课堂的结合，充分利用学校、家庭等资源，做好社会实践这门大课程，积极主动地将优秀传统文化、革命文化和社会主义先进文化有机统一起来，做到内化于心、外化于行。

在新时代，传统文化的影响力在不断增强与扩大，首先，我们对传统文化要有一个清醒的认识，即中华优秀传统文化是中国特色社会主义建设的文化渊源、精神涵养，而并非理论依据，我们要始终坚持以马克思主义为指导，而不是传统儒学。再次，要正确把握马克思主义、传统文化、社会主义核心价值观三者之间的教育关系，真正让优秀传统文化发挥"滋养"作用，使其与时代精神教育相结合，实现其创造性转化和创新性发展的功能。

第四章 高校思想政治教育与中华优秀传统文化融合的挑战与机遇

新时代，是承前启后、大有可为、继往开来的时代，思想政治教育工作作为新时代培根铸魂的关键性课程，应该发挥育人作用，同时要努力用中华传统文化精神去涵养、构建现代化的思想政治教育体系。从思政教育的内容、目标和性质来看，中华优秀传统文化可以极大丰富思政教育资源，尤其是其中蕴含的爱国主义、道义观、和合观等都与当代的思想政治教育具有高度的契合性。在新时代，思想政治教育应该多维度地与中华传统文化融合，二者的合力作用具有巨大的理论价值和实践意义。

第一节 高校思想政治教育与中华优秀传统文化融合的挑战

一、载体挑战：新媒体、思政和传统文化的传播

新时代是一个信息网络技术高速发展的时代，新媒体的日新月异是其重要特点之一。关于"新媒体"的含义，论述比较多，总体来说，它相对于传统媒体，是利用数字技术、网络技术、移动技术，通过互联网、无线通信网、有线网络、卫星等渠道以及电脑、手机、数字电视等终端，向用户提供信息和娱乐服务的传播形态和媒体形态。在传播形态和载体上，比如，我们常见的微博、短视频、博客、微信公众号等都是其常见的形式。与传统的报纸、电视等不同，新媒体的覆盖面、信息传播量、交互性都很强，作为现今大众获取信息的重要渠道，新媒体已然成为信息传递和交流的重要

媒介形态，整个信息传播的生态环境也发生了翻天覆地的变化。在新媒体的大背景下处理好思政、传统文化和传播载体的关系，需要面临诸多挑战。

（一）传统文化的传播形态会存在地域的不平衡性

新媒体的传播载体很多，如微博、微信公众号、短视频等，由于这些平台都是建立在互联网的高速发展基础上，因此，"传统文化＋思政教育"的网络传播必然会受到新媒体技术的影响，截至2023年12月，我国互联网普及率达77.5％，较2022年12月提升1.9个百分点。[①] 但是地域之间的信息技术不平衡性依然存在，一些偏远地区的网络还存在历史性难解决的问题，同时，地区之间信息网络的传播速度也存在差距，在一些经济尚不发达的地区，虽然互通了宽带，但网速提不起来的现象依然存在。因此，在使用互联网技术进行"传统文化＋思政教育"的传播时，网络基础设施的健全与否制约着二者传播的效果。

（二）精神意蕴呈现和表达方面的挑战

中华传统文化博大精深，传统文化和思政教育在资源与素材方面存在高度的契合性，但是要将二者共同体现的精神意蕴发挥出来还存在不小的挑战，虽然新媒体技术可以用生动的视频、图文等形式将传统文化展现出来，但无论是传统文化教育还是思政教育，其最核心的不仅仅是形式上的"热闹""花样"，更重要的是要将其中蕴含的民族精神、民族魂展现出来，而这些精神内涵仅靠网络的传播可能难以达到效果，文化的魅力展现也会有局限。

（三）文化价值多元化的冲击

新媒体和全球化时代的双重冲击，让世界舞台上多种多样的文化形态都涌到了年轻人面前，过去只能通过书籍、报刊了解世界的局面一下被打开，现如今，通过手机、网络就能知天下事，虽然信息技术带来的便利显而易见，但其中充斥的大量文化思潮让大学生难以分清好坏，如最典型的就是享乐主义倾向、拜金主义、虚无主

---

① 中国互联网络信息中心（CNNIC）：第53次《中国互联网络发展状况统计报告》。

义等。因此，在多元文化冲突的大背景下，如何增强政治定力，坚定政治信仰，尤其是在思想政治教育工作中，如何将传统文化的精髓从如此众多的文化形态中剥离出来，从而让年青一代能够认识和学习，这是具有重要意义的，同时深刻考验着学校在意识形态方面的工作能力。

如今的年青一代，思想敏感、活泼，勇于和乐于接受新事物，尤其是大学生，他们的人生观和价值观正处于定型期。因此，在思想政治教育视域下，以"优秀传统文化"作为"武器"消除消极因素，自觉抵制外来不良文化的影响，这对学生群体来说，有助于他们确立正确的文化观、价值观，树立正确积极的人生方向。

（四）信息碎片化带来的文化认知不完整性

如今的新媒体时代，碎片化的知识传递模式逐渐成了信息传播的主要方式，很多短视频或者微博，仅以数字或者数句就能"论述"一件事，这样的叙事方式虽然能让学生群体在短时间内增长见识，但简短的分析缺乏理论深度和逻辑性，有时还会出现断章取义的情况，甚至有的博主为了引流量或博眼球，刻意将娱乐化、虚构化的东西加工，利用自己的影响力"篡改"历史和文化，这也让学生群体"乱花渐欲迷人眼"，分不清真假。中华优秀传统文化博大精深，意蕴丰厚，单纯的碎片化和娱乐化不仅不能将其中的深刻含义表达清楚，有时还会起到相反的作用，比如，在对中华建筑文化进行科普时，有的博主竟然将中华建筑的"斗拱"说成是"舶来品"，还编故事做动画说明其从外国来的历史，这样的讲述简直是对中华文化的亵渎，只会让年青一代产生强烈的文化虚无主义感。

"大学之道，在明明德，在亲民，在止于至善。"（《礼记·大学之道》）中国古人这句话意在论述做学问的方法和价值目标，学校在知识教授以及育人方面对学生群体来说具有重要作用，如今的地域不平衡性、新媒体技术的地域局限、知识碎片化、多元信息的"筛选"等问题是对新时代思想政治教育视域下中华传统文化传播的重要挑战，面对这些情况，我们应该加大意识形态领域的工作范围和力度，坚持传承优秀传统文化，使其更好地为社会主义服务。

二、思想政治教育与传统文化教育资源的认知存在不足

（一）课程资源的利用率和转化率不足

中华传统文化和思想政治教育资源丰厚，从小学一直到大学，二者的教学都在开展，但是，由于主客观条件的限制，不同学段对二者的结合存在认识上的"狭隘"和"不重视"，尤其是关于传统文化"学什么""教什么"这两个基本问题，很多学校都没有引起重视。以高校为例，现今还没有开设专门的中华传统文化导读课程，有的学校虽然设置了相关模块，但也仅仅是与历史、哲学、文学等学科相联系，作为其专业基础课，而没有从思政育人的角度开设全校性质的公共必修课；再如，一些学校仅仅是对传统文化进行"照本宣科"式诵读，对和学生生活息息相关的文本的解读和延伸却很少。

同时，在思政教育中，引入传统文化的能力和资源利用率也很低，如前所述，传统文化和思政教育在很多方面具有高度的契合性，有效地将传统文化资源引入课程中，可以拓展学生的知识空间，也能与专业结合，发挥"1+1＞2"的效果。

（二）课程内容的渗透度不足

无论是思想政治教育还是传统文化教育，其最根本的目标是让学生对其中蕴含的优秀内容做到入脑入心，渗透进他们的生活中。在新时代，虽然各项技术手段日新月异，教师在传道授业时也能对其进行利用使课堂变得生动，但是如何在丰富"热闹"的课堂学习后，能保证学生将其渗透进自己的学习生活中，这是教师面临的一个大课题。如今的传统文化和思政教育融合的课程很多，但课程项目实施的品质有待提升，如何将二者的教学变"为教学而教学"为"为育人而教学"，课堂不是对内容的简单讲授，而是从理论和实践上都能滋养学生，并且以恰当的方式和适宜的时机进行渗透，这也是新时代二者面临的挑战。

三、学校思想政治教育和传统文化教育的"有的放矢"

当今我国已建成世界上规模最大的高等教育体系，多学科、跨领域、立体化的人才培养模式已经基本构建，面对不同专业性质的院校，思想政治教育和传统文化教育都应做到"有的放矢"，增强教育的"靶向性"。可在具体的教育教学过程中，不同类型院校的教学内容针对性不强，以艺术类院校为例，不同专业的学生在传统文化教育上具有差异性，舞剧类和音乐剧类专业需要在思政与传统文化教学中多加入舞蹈类元素，这就需要教师在备课中多学习和了解相关的舞蹈知识；话剧影视类和导演类专业需要在教学中加入与话剧和影视剧相关的元素，尤其可以将历史常识渗透其中；再如，理工类院校，教师首先要分析不同专业学生的学情和专业思考习惯，尤其是对内容稍显枯燥，且理论性、文学性较强的传统文化素材，教师要先自己进行"消化"，吃透、弄懂，最后才能进行教学。同时，传统文化的内容也是丰富多样的，如建筑、历史、哲学、文学、音乐、舞蹈、戏曲等，如何将纷繁众多的内容"有的放矢"地渗透进不同学校、学段和专业学生的教学中，这也是一个挑战。

第二节　高校思想政治教育与中华优秀传统文化融合的机遇

面对新时代大背景下的种种挑战，中华优秀传统文化和思想政治教育也迎来了难得的机遇和发展，新时代多种多样的变化为二者的融通教育创造了条件，同时也带来了教育模式、思考方式和文化教育载体的发展和创新。

一、新媒体、"互联网＋"促进教育资源利用的多元化

在新媒体时代，大数据、云计算等信息技术的出现不断改变着人们的生活和生产方式，在教育领域，这些新兴技术也在为教与学

的相长创造有利条件。"互联网＋"是新媒体时代的重要特点。互联网教育与传统教育并非水火不容，相反，互联网教育的很多模式都发迹于传统教育，而且互联网教育只有与传统教育融会贯通，才能在真正意义上实现"互联网＋"的意义。互联网的出现不仅缩小了人们的社交空间，也让教育的智能化成为可能，因此，在中华传统文化的教育方面，利用模块化、个性化进行教学，既可以满足不同受教育者的需求，也可以打破传统教育的空间，实现教师和学生的多维交互。虽然新媒体时代的碎片化特征明显，但是教师可以有效利用碎片化，让学生充分利用有效时间进行学习，如在"智慧树"App、中国大学 MOCO 等平台，教师可以引导学生进行相关课程的网络选课，组成互动班，积极利用课余时间进行慕课学习，在学习中，教师可以通过 App 的班级通知、群公告等方式及时与学生进行互动，还可以设置网络答题、微讨论等，让学生在不受时空限制的条件下进行学习。

"互联网＋"让教育的信息化、网络化和数字化成为可能，过去一个教室只能容纳一部分学生的空间界限被打破，利用互联网，课堂的教学规模化、交互化得以实现。虽然现在互联网技术的地域差异依然存在，农村和城市的网络发展也有差距，但互联网的有效利用还是可以削减教育资源的不平衡性。尤其在传统文化和思想政治教育方面，农村地区过去因为教师、教学资源的短缺，难以达成对传统文化的深入渗透，而通过互联网和新媒体技术，农村教师可以将更多的传统文化资源带到课堂。例如，承载着优秀传统文化精髓的世界文化遗产，过去农村地区的孩子对其认知度低，但通过各项信息技术，教师可以将如故宫、长城、秦始皇兵马俑等文化遗产以全息化、影像化的方式带给学生，同时，可以利用 AR、VR 等全息投影技术让学生身临其境。

二、中华传统文化与网络亚文化的合理性融通和联系

在新媒体时代，互联网的迅速发展，让网络亚文化迅速崛起，对这种兴起于网络的文化形态，它与主流网络文化有区别也有创

新，其在表现形式、审美形态和价值呈现上都有自己的显著特点。有学者认为，网络亚文化是存在于网络虚拟空间中的边缘文化形态，它是网民在特殊的背景和网络环境中形成的具有独特词语空间和表达系统的文化价值体系、思维模式。边缘性、时尚性、颠覆性、批判性和独特性都是网络亚文化的特点。例如，一段时间内出现的"玻璃心""油腻男""避坑指南"等都是网络亚文化的体现。2020 年由哔哩哔哩网站制作的《后浪》引起了广泛热议，很多网友发弹幕调侃自己并非努力的"后浪"，而是被割的"韭菜"，这种戏谑式的自我嘲讽就是网络亚文化的体现。

"C 位""二次元"等网络亚文化词语频繁出现，网络"丧"文化也悄然在年轻人中形成了一股热潮，作为多元文化之一的亚文化形态，它有积极的方面，同时也有很多错误的价值导向需要我们去厘清。比如，网络"丧"文化、"躺平"等对年青一代的影响很大，很多学生片面迷信所谓的"咸鱼只要躺着就能翻身""努力了也白搭""勤奋等于辛苦"等言论，在学业、工作和生活上自暴自弃；还有的形成现代犬儒主义的思想，妄图"一夜成功""天上掉馅饼"等，这些亚文化形态都是我们应该批判和抵制的。

网络亚文化虽然存在消极方面的因素，但是它身上的积极成分应该被充分挖掘。首先，亚文化基于网络社会而存在，自由、开放、活跃是其显著特征，而这正好符合现在年轻人社交和信息接收的模式，主流文化媒体面对亚文化时不应是片面、一味地批判，而应该从其中汲取有益元素，主动接受熏陶，牢固掌握网络主阵地。中华传统文化对消解亚文化的消极因素具有重要作用。以一些网络热播的历史剧为例，与此相关的各种野史秘闻也成了热门话题，而且其中体现的史实也有很多错误和漏洞，这样的网络亚文化对年青一代是有消极影响的，不利于正确历史观的形成，那么，该如何消解这种不良影响呢？中华优秀传统文化就可以发挥重要作用，教师可以将《甄嬛传》作为引入，以亚文化的"热词"开篇，以此引发学生的思考和注意力。再次，教师要对这些"热词"进行分析，尤其要对延伸出的历史场景进行深入解读，比如，剧中雍正皇帝所处的养心殿，教师可以对"养心"二字进行阐释，它出自《孟子·尽心下》："养心莫善于寡欲。其为人也寡欲，虽有不存焉者，寡矣。其为人也多欲，虽有存焉者，寡矣。"大意就是说养心最好的办法就是减少欲望，这是儒家塑造完美人格的根本途径之一。再如，剧中人物经常引用诗词，像女主角甄嬛初封为菀常在，这里的"菀"实际上出自唐代诗人常建的《春词二首》："菀菀黄柳丝，蒙蒙杂花垂。"说的是春光里，黄柳丝繁茂，百花争相开放之意。通过这样的方式，教师一方面解构了网络亚文化的负面影响，另一方面将网络亚文化和中华传统文化进行了融合，以正确的传统文化观对学生进行了教育。

在网络亚文化和中华传统文化的相通相融方面，网络亚文化的传播形式不仅为中华传统文化提供了持续创新的动能，同时也为大学生的思想政治教育工作创造了更广阔的空间。在网络亚文化与中华传统文化的融合中，其本身也在进行改变，广阔的言论空间和社会越来越包容的态度与开放度，让网络亚文化本身的消极因素在慢慢被消解。资源整合环境，其关系网具有虚拟特征。网络虚拟共同体并不是一种物理的空间组织形态，而是由具有共同兴趣及需要的人们组成的，成员可能分散于世界各地、以旨趣认同的形式在线聚合的网络共同体。网络共同体是网络亚文化的载体，当今"90后""00后"乃至"10后"的学生群体喜欢网络化的表达方式，因此，新时代的思想政治教育和传统文化教育要将网络共同体思维渗透在方方面面，以"润物细无声"的方式让大学生不仅在思想上得到升华，而且在心灵上得到宁静和诗意的栖居。

三、新时代中华传统文化网络化与思想政治教育功能的双向实现

在新时代的大背景下，高速发展的互联网技术让中华传统文化的网络化功能得到了提升，网络文化建设作为中国特色社会主义文化建设的重要方面，应该主动占领网络思想政治教育领域的制高点，并且将中华优秀传统文化贯穿其中，增强文化自信。文化创造与育人存在高度关联性，文化建设的精髓就是要以文育人，以文化

人，在"互联网＋"的背景下，以网育人和以文育人有着目标上的一致性。中华民族千百年来形成的中华传统文化有自己独特的自组织性和再生产性，如果说经史子集、艺术文学等只是传统文化在成果上的"文"，那么只有发挥它们对人的改造功能才是真正做到"文化"。

中华传统文化的网络化实质就是互联、互通，它和思想政治教育在"互联网＋"的背景下都是通过网络媒介的相互作用和相互结合来实现育人的功能。网络化让传统文化传播的精准性和思想政治教育的实效性都得到了极大提升。"互联网的互联本质实现了人类相互性和信息相互性的叠加，促进了语言联系、器物联系、能量联系和信息互联的跨界融合、高度融合。"① 在互通互联的状态下，思想政治教育与传统文化实现了文化融通和人心畅通的"双通"功能，可以多维度地满足不同学段和专业人群对思政教育与传统文化的需求，同时也为传播的多元载体提供了确定性。比如，高雅艺术之一的戏剧形式，包括话剧、音乐剧、偶剧、舞剧等，过去由于各种主客观条件的限制，它的展现受到了多重制约，而通过网络的赋能，以"云端剧场"的模式就可以发挥其文化育人、艺术育人的作用，实现了剧场、文化和思政教育的多重功能。

第三节　高校思想政治教育与中华优秀传统文化融合的启示

中华传统文化作为中华民族千百年形成的民族精神和民族魂，从古至今一直在为社会的发展提供着源源不断的精神动力。"家国情怀教育""社会关爱教育"和"人格修养教育"三个方面是中华优秀传统文化的重要内容。在新时代，中华优秀传统文化和思想政治教育之间存在价值目标与内容的一致性，二者都坚持以马克思主

---

① 喻发胜，张唐彪，鲁文禅. 普遍联系：马克思主义新闻学的重要哲学基石及其实践价值 [J]. 新闻与传播研究，2019，26（4）：21.

义为指导，以中国具体国情和历史文化为依托，将中华优秀传统文化内嵌进思政教育之中会进一步发挥立德树人的合力作用，尤其是对全面育人格局的形成也会起到助力作用。

一、"思政＋"教学改革创新模式与中华优秀传统文化的融合

"思政＋"教学改革创新模式是指在传统思政教育的基础上，通过引入其他学科的知识、方法和手段，实现思政教育的跨学科、跨领域融合。这种模式强调思政教育的开放性和创新性，旨在打破传统思政教育的学科壁垒，拓宽思政教育的视野和领域，提高思政教育的针对性和实效性。

中华优秀传统文化博大精深，"和而不同""求同存异"等都是其精髓，在思想政治教育中，以传统文化之"和"实现"思政＋"的跨学科发展是新时代二者融合的重大启示。传统文化的样式很多，思政教育教学的内容也多种多样，当前各学校各学科之间都在寻求将思政教育教学贯穿到全方面、全过程，讲求跨学科发展、跨学科融合是实现思政课程和课程思政同向同行的重要手段。在实际教学过程中，可以采取"思政＋心理学""思政＋信息技术""思政＋物理学"等模式，当然，也可以将传统文化的内容渗透进去，比如，在"思政＋天文学""思政＋化学"等理工科领域，可以贯穿进古代大国工匠的故事。

二、从艺术的角度把握传统文化的育人功能

创造性转化和创新性发展要求文化的传播形式要根据主客观条件进行变化，在丰富多样的传统文化样式中，艺术是最具象化的表现。积极正能量的艺术形式对中华优秀传统文化的传承有裨益作用，它弘扬的是中华民族精神。中国传统艺术是中华先民的伟大创造，积淀着五千多年文明的深厚底蕴，它的类型多样，包括绘画、书法、音乐、诗歌、戏曲等，教师如果能将这些艺术形式贯穿到教育教学中，一定会提升学生的文化自信感，引导他们树立正确的传统文化观。

以诗歌和音乐为例，如今的年轻人喜欢流行音乐，如 Rap、蓝调、摇滚等，而对中国传统的古典音乐大多提不起兴趣。在新时代，有的音乐创作人创造性地将流行乐和中国古典乐巧妙结合，以"和诗以歌"的形式进行民族文化的传承。简单来说，"和诗以歌"就是将音乐和古典诗词相结合，如最早的《新学堂歌》系列，作曲家谷建芬就以唐诗、汉乐府等为蓝本，创作了具有传统文化特色的儿歌系列。还有的创作者将中国传统的古典乐器，诸如古筝、古琴、竹笛等与西洋乐器相配合，同时辅之以古典诗词，以流行歌曲的方式演绎"中国风"，不仅让传统民族音乐元素和现代流行音乐元素相互交融与碰撞，而且以古典诗词为基础进行词曲创作，最大限度地将诗词中要凸显的精神意蕴展现出来，赋予其新的生命力。在儒家的传统教育中，"乐"作为艺术教育的重要一环，与"礼""仁"的教育保持着和谐动态的关系。"乐"的教育中，舞蹈是其基本方面，在中国的古典舞蹈教育中，"拧、倾、圆、曲"展现了舞者的秀美、典雅；"抑、扬、顿、挫"的节奏处理蕴含着大气、温婉的气质，像舞蹈形象中的巾帼英雄穆桂英、秦良玉等，她们以刚毅果敢、浩然正气、刚柔并济的形象展现着伟大的家国情怀，教师在传统文化和思政教育中可以将她们引入，以动人的舞蹈陶冶学生，将"德"与"艺"完美结合。

三、大思政视域下发挥中华传统文化的多重功能

思想政治教育是一项系统性工程，它不仅是思政教师单纯的课堂理论讲授，还包含着对学生进行心理、道德、品格、就业等方面的教育。在中共中央、国务院印发《关于加强和改进新形势下高校思想政治工作的意见》中，全员全过程全方位育人的"三全育人"理念被提出。在大思政的背景下，中华优秀传统文化应该融入和贯穿于"三全育人"格局中，在思想道德教育、文化知识教育及社会实践教育的各个环节中加入相关元素，形成全面育人的长效机制。比如，在学生的心理健康问题上，传统文化中就有很多元素可以运用于其中。

在我国早期的医学巨著《黄帝内经》中就写道："精神不进，志意不治，病乃不愈。"心理问题一直是中医关注的重点之一。自西方正式建立心理学专业学科以来，心理治疗的相关模型和范式也逐一建立，诸如精神分析疗法、人本主义疗法、现实主义疗法等。虽然心理治疗是西方心理学最早提出的概念，但中华传统文化中也蕴含着相关的内容和元素。古人对心理疾病的治愈更多讲求身体、心理和自然的和谐统一，如道家提出"吐故纳新""仿生运动"等思想，实际就是教人在遇到抑郁、愁苦等消极状态时能够以呼吸的调整和心理状态的"守静笃"来应对。同时，儒家思想中以"仁者不忧"强调个人的道德品性修养对身心健康的重要性，一个人只有内心做到平和，"不以物喜不以己悲"，时刻保持光明磊落，言行一致，才能让心理健康起来。相反地，如果一个人道德败坏，言行不一，做事阴险狡诈，内心邪恶，那身心健康也会受到很大损害。

完整人格的重新构建是心理治疗的核心，对年青一代学生群体来说，完整的人格不仅包括情商、逆商和适应力，也包括人际交往、信念感等内容。中华传统文化博大精深，如儒家的"自强不息""富贵不能淫，贫贱不能移，威武不能屈"等思想都可以引导年轻人积极面对失败和困境。当代学生群体由于受网络、社会风气和多样化思潮的影响，心理容易脆弱，情绪波动也较大，尤其是遇到问题时经常会自暴自弃，有的甚至会采取极端方式逃避问题。中华优秀传统文化内容丰富，有学者就曾以传统音乐来治疗学生的心理问题，比如，传统的梵曲、琵琶、古筝、古琴，它们以"悠、和、淡、静"的特点让学生能够平和心态，澄清杂念。北宋时，欧阳修就发现古琴有让人舒缓心灵压力的作用，这对治疗所谓的"幽忧之疾"，即现代人的抑郁症、焦虑等有重要的功效。古琴长3尺6寸5分，象征着一年的365天，宽6寸，是宇宙六合的体现。同时，古琴的发音具有"深远""幽雅""柔润"3个特点，尤其是它的散音、泛音和按音，象征着天、地、人。抚琴者抚琴时，听琴人的心情会自然地进入放松和宁静的状态，正如宋代的《琴论》里提到的"攻琴如参禅"，这样的正念疗法对人体的神经系统有正向的影响。中国传统古乐对人的心理修养有积极意义，它将"礼"与"乐"相结合，是古代音乐治疗的精髓。古代音乐有的是将诗、词融会其中，蕴含着人生的处世哲学，它对人格的完整塑造也有助益。"乐而不淫，哀而不伤"，古代音乐提倡的"中和观"可以矫正人心，调节情绪。

中华传统文化除在大学生的心理咨询和治疗方面能够发挥重要作用外，在大学生的学习力、认知力、人际交往能力和应对挫折能力、社会适应力方面，传统文化中蕴含的有益元素也能起到重要作用。现如今，"娱乐至上""丧文化""躺平文化"等社会风气熏染学校的校园文化，一些学生受影响过度追求碎片化、非理性化和浅层性的价值观，还有一些学生将金钱至上奉作人生信念，诸多不良风气对学校的社会适应力文化建设产生了冲击。面对这样的复杂情况，中华传统文化中的"知行观""学贵心悟，守旧无功"等理念可以启发学生重新认识和定位自己，由被动适应社会转为主动接受和调整，增强对社会适应力的心理适应能力。

第五章 高校思想政治教育与中华优秀传统文化融合的路径分析

第一节 将中华优秀传统文化融入思政课教学中

党中央指出，思想政治理论课是立德树人的关键课程，不同阶段和层次的学校都应重视思政课的教学，同时，要在优秀传统文化中汲取养分。以高校思想政治理论课为例，"思想道德与法治""马克思主义基本原理""中国近现代史纲要""毛泽东思想和中国特色社会主义理论体系概论"中都有很多中华优秀传统文化可以作为融合的基础和内容。

一、"思想道德与法治"与中华优秀传统文化的融合路径

"思想道德与法治"一般开设在大学生进校伊始，这个时候的学生刚刚从高中紧张的学习环境中解放出来，初入高等教育体系的他们亟须在思想和行为上都要适应大学的教育环境。因此，"思想道德与法治"对学生适应大学、了解大学有很大的作用，其基本目标之一就是立足于"培养什么人""应该树立怎样的价值观、人生观和道德观"的问题。中华优秀传统文化与"思想道德与法治"的融合首先就要直面这一问题，它首先要梳理中华优秀传统文化的精神脉络，让学生了解这是中国人文化生命体的根基，帮助大学生确立中国人的做人信仰、中国特色社会主义的伟大理想，牢固树立社会主义核心价值观的坚定信念。

党中央指出，要深入挖掘和阐发中华优秀传统文化讲仁爱、重民本、守诚信、崇正义、尚和合、求大同的时代价值，使中华优秀

传统文化成为涵养社会主义核心价值观的重要源泉。因此，在"思想道德与法治"进行传统文化的融合和融入时要以此为基本原则展开，要将"仁爱""民本""诚信""正义""和合""大同"等与社会主义核心价值观相融合，讲清楚其中蕴含的文化基因、中国元素和价值资源。

（一）在对大学生的人格和信仰培育体系中融入优秀传统文化

"思想道德与法治"的重要内容就是要对大学生的人格进行培育，引导他们树立正确的信仰。在中华优秀传统文化的内容中，关于人格培育的内容非常多。"读万卷书，行万里路"，这是古人将读书视为修身养性的基础。孔子的"学而不思则罔，思而不学则殆"（《论语·为政》）更强调了"学"与"思"的辩证关系。孔子说"为仁由己"（《论语·颜渊》），讲"仁爱"是中国人人格的重要内容，孔子的"仁"是君子的象征，更是推己及人的一种"大仁"，将它放入"思想道德与法治"的教学中，可以延伸出忠心报国的家国情怀，怀友思亲的对家人、友人的真挚感情以及发愤图强、励志建功的理想胸怀。王安石在散文游记《游褒禅山记》中写道"世之奇伟、瑰怪，非常之观，常在于险远"，要想看到"奇伟""瑰怪"之景就要不畏艰险，一直向前，中华优秀传统文化一直强调的对困难的克服、精进和勇攀高峰的精神对"思想道德与法治"中人格和信仰的培育也会起到助益作用。

（二）传统文化中的"仁义礼智信"与现代社会公德的融合

中华优秀传统文化中有"仁义礼智信"的思想，它是儒家先贤经过筛选、提炼，凝练出来的道德范畴。在先秦时期，孔子以"仁""忠""恕""礼""义""孝""悌"等来强调人生的道德意趣；孟子则在继承孔子的思想上，提出"仁""义"为主体，管子强调"礼义廉耻"四维。秦汉是"五常"思想形成的关键时期，贾谊是有史记载以来第一个将"仁义礼智信"并举而提的人，他说："人有仁、义、礼、智、信之行，行和则乐兴，乐兴则六，此之谓六行。"（贾谊《新书·修政语上》）后来董仲舒在向汉武帝进谏时又进一步提出"仁义礼智信"为"五常"，成为古代社会人们必须遵守的道德规范。由于"五常"带有"纲常""三纲五常"的含义，所以现代人常常将其视为"腐朽"之物，但实际上，"五常"讨论的是一种人伦关系，是一种道德精神。虽然现代社会较之古代社会发达，但人类在伦理道德和价值取向上的基本原则没有根本的变化，对善恶的态度、义利的取舍原则基本稳定，所以，古代社会倡导的"仁义礼智信"在现代社会依然可以闪烁光芒。

"思想道德与法治"在道德教育方面也可以将"五常"融入。孔子提出"仁"，认为其是一切道德目的的出发点和归宿，"忠"和"恕"是其实现途径。"仁"是对他人和社会的"爱"，而作为一个现代公民，最基本的道德品格就是要能"爱人"；讲情义、讲正义，此即为"义"。在社会生活中，国家和社会的制度礼法、规范是我们每个人必须遵守的基本准则，是作为一个肩负着中华民族伟大复兴理想的新青年和社会主义现代化事业建设者应该遵循的基本规范，此即为"礼"。而新时代的大学生应该通过学习增进自己的"智"，这个"智"不仅指智商，也包括了面对复杂的人和事表现出来的"情商"与"逆商"，尤其是面对挫折时，如何克服困难，化解挫折，这是"智"最重要的表现。道家讲求"大智若愚"，要以"平常心"和"自然心"去面对一切事，善于透过现象看到本质，以"上善若水"的心态处理问题。"信"不仅是古代国家的立国之本，更是现代社会立人、立家的核心要义。先秦时期，商鞅主张变法，为了取信于民，他派人在城中立起一根木头，宣称如果有谁能将这根木头搬到城门便赏赐 50 金，一开始无人相信，可当一个民夫真的把这根木头扛到城门便得到赏赐后，大家才称颂商鞅，并支持变法，此即为历史上很著名的"徙木立信"。北宋时期同样主张变法的王安石用"一言为重百金轻"（宋·王安石《商鞅》）来赞扬商鞅，强调自己变法也会言出必行。今天的社会，人与人之间的信赖感出现了裂口，社会诚信也出现了危机，"假冒伪劣""以次充好"等问题层出不穷，如果能把传统文化中的"信"融入"思想道德与法治"的教育教学中，势必能让学生感受到"信"之要。

中华优秀传统文化中的"五常"虽然历经千年，但在新时代的背景下，经过创造性转化和创新性发展，依然能够发挥其作用，在基础课中融入它可以说是对社会公德和公民教育的一大补充。记得在故宫一进午门之后就会看到一条横跨着5座桥的金水河，这5座桥就如同5支箭，金水河就如同一张弓，5支箭代表了"仁义礼智信"，它们被安放在国之中心，时刻准备射向全国，告诉老百姓做人应该遵守的基本道德规范。新时代，"仁义礼智信"依然有其重要意义。

（三）中华传统文化中的"法治"思想与法律基础的融合

思想道德教育和法治教育是"思想道德与法治"的重要内容，在法律基础知识部分，课程以"依法治国和以德治国""法律基本概说""宪法""民法""行政法""犯罪与刑罚"等章节向学生普及法律常识，提高当代大学生的法律素质。中华传统文化中的法律思想内容丰富，可以与"思想道德与法治"中的法律部分进行创造性转化和创新性融合。从先秦时期开始，中国的法律文化就开始萌芽，在农耕经济的影响下，尧舜时期出现了"明刑弼教"，这个词出自《尚书·大禹谟》，此文记叙了禹、伯益和舜治理国家、谋划政事的上古事迹，"明刑弼教"讲的是要用刑法来晓谕大众，使大家能够知法、懂法、敬畏法而守法，达到一种教化所不能及的效果。到了夏商时期，"礼"的思想开始在社会中渗透，"明德慎罚"，将"德治"纳入法治思想中是这个时期的重要特色。到了春秋战国时期，儒、道、法、墨等学派纷纷兴起，他们不仅在治国、修身上提出了很多重要思想，在法治文化上也有很多论述。例如，儒家就提出"礼法结合"，这一思想的首推者是荀子，他在历史上最早将礼与法结合，以法治充实礼治，引法入礼，比如，"礼不下庶人，刑不上大夫"（西汉·戴圣《礼记·曲礼上》）的思想；而其中的集大成者、典型代表当推法家，法家强调依法治国，以刑去刑，代表人物中有吴起、商鞅、韩非、申不害等都是主张以法律实行"变法"的政治家和思想家。商鞅在《商君书·赏刑》里提出了"壹教则下听上"的思想，强调法律是人民的根本、治国的基础，民众必须接受法治的教育。如果有不符合法令的行为或是事情，就不应该做和赞扬，这里商鞅就将法律教育提到了很重要的位置，在讲授"思想道德与法治"时，可以将其引入课程内容中，以此来强调新时代法律教育的历史渊源和重要性。除商鞅外，韩非是法家的另一集大成者，他总结了历史上阶级斗争、战乱的经验教训，提出了"儒以文乱法，侠以武犯禁，而人主兼礼之"（《韩非子·五蠹》）的思想，认为祸乱的重要原因就是由于儒家所谓"礼、乐、诗、书"和"仁、义"的教条之说将人心蛊惑。在他看来，这些都是"亡国之言"，是亡国的根源，会造成人们思想的混乱，因此，韩非主张禁止这些学说的传播，定法家为一尊。同时他特别提到人们的思想和言行都必须符合法家的精神，尤其是国家的法律精神，所谓"以法为教"。从秦汉到明清，中国的法律文化日渐成熟，作为治国的重要工具，历代统治者都不是简单地将统治等同于法治，而是汲取"礼""仁""义""德"等思想，逐渐形成了一套独具特色的中华优秀传统文化法治体系，比如，唐代刑律之一的《唐律疏议》，它如今是我国保存下来的最早、最完整的封建刑事法典。其中就有很多内容可以为"思想道德与法治"提供素材，比如，里面写到的"法不阿贵，绳不挠曲"，意为法律是平直正义的，它不会为有权有势的人所屈从，就像墨线不会向弯曲的地方倾斜一样，比喻在法律面前人人平等。这部书中，像《唐律疏议·户婚律》可以结合"思想道德与法治"中的"婚姻法"、《唐律疏议·贼盗律》可以结合"刑法"、《唐律疏议·斗讼律》可以结合"诉讼程序"等章节进行历史的梳理和讲解。学生通过这样的联系，也能树立正确的法律观。

二、"马克思主义基本原理"与传统文化的融合

"马克思主义基本原理"（以下简称原理课）是思想政治理论课的重要组成部分之一，它以马克思主义哲学、政治经济学和科学社会主义三部分为主要内容，主要是帮助学生树立辩证唯物主义和历史唯物主义的世界观、人生观和价值观。原理课的学理性和抽象性较强，学生对某些原理的理解如果单从理论灌输的角度势必会引起

他们的厌学情绪。因此,将感性较强的传统文化融入原理课中,可以增强课程的亲和力和文化力,也能够让学生在学习原理的同时,增强对中华优秀传统文化的领悟力,提升文化自信和自豪感。

在当前对传统文化与原理课的融合研究中,学界的成果还不多,主要集中在:第一,认为原理课与中华传统文化的融合是必要的。第二,有助于进一步增强学生对马克思主义中国化的认识,培养爱国主义精神和民族自豪感。第三,强调马克思主义基本原理与传统文化之间的内在联系,如与各个章节、各个知识点的结合等。在原理课与优秀传统文化的融合中,可以从以下两个方面去把握。

(一) 以优秀传统文化提升原理课教学的境界

原理课将马克思主义的基本方法和世界观、人生观、价值观教授给学生,教育之本在于立德,在于以积极向上、正能量的价值观去引导学生成为担当民族大任的新时代青年,原理课的教学境界也有这层含义,而在具体的课程内容中,教师要始终把握一点,即要明白马克思主义的价值诉求为"为人类求解放""使人的世界即各种关系回归人自身"①,实现人自由且全面的发展。这种崇高的价值境界彰显了马克思主义的公共性品格,也是我们党全心全意为人民服务的理论写照。中华优秀传统文化的本质是"立人"与"修德",古往今来,无数先哲的思想也都在围绕着"人"的主题和中心展开,从这个意义上来说,中华传统文化就是一种"立人"的文化,正如钱穆先生说的:"中国文化之内倾,主要从理想上创造人,完成人。"② 比如,张载先生的名句"为天地立心,为生民立命,为往圣继绝学,为万世开太平",即"横渠四句",它讲的是要努力探求天地的真知,要继承古代圣贤的精髓,以此为天下百姓谋福利,开创一个太平的和谐社会;再如,顾炎武的"天下兴亡,匹夫有责"(顾炎武《日知录·正始》),林则徐的"苟利国家生死以,岂因祸福避趋之"(清·林则徐《赴戍登程口占示家人》),都是在强调

① 中共中央马克思恩格斯列宁斯大林著作;编译局编. 马克思恩格斯文集(第1卷)[M]. 北京:人民出版社,2009.
② 钱穆. 中国文化丛谈 [M]. 北京:九州出版社,2011.

"立人"与"立国"之间的内在关系。

（二）以优秀传统文化增强原理课内容的层次性

原理课重点在于用马克思主义的相关理论武装大学生的头脑，解决大学生在世界观、人生观和价值观选择与确立方面的难题，在大学的思想政治理论课教学体系中，原理课的内容理论性较强，抽象性也强，因而学习的难度大，很多学生在学习过程中表现出一知半解和畏难的情绪。面对这样的困境，中华传统文化中蕴含的很多兼具哲理性和趣味性的内容就可以很好地补充到原理课中，增强课程整体的层次性。

马克思主义哲学是原理课的重要内容，也是核心部分，它重在让学生掌握科学认识世界的方法和观点，也让学生学会用唯物辩证法、唯物史观等方法认识世界，分析现实问题，去迷雾、明是非。从知识论的视域来看，中华优秀传统文化中的"气本原论""阴阳合一""知行合一""天人合一""通古今之变"等思想可以很好地融入马克思主义哲学中。比如，在教学"物质本原"这一章节时，可以引出中国传统哲学中的"气本原论"，其中比较典型的就是张载，在 20 世纪的中国哲学界，张岱年、陈来等学者普遍将张载的"气"解释为唯物主义的气本原论，如张岱年就提道："张载以气化为道，认为道就是物质世界的总过程，这是关于道的新说，是从唯物主义观点立论的。"[①] 张载的"气"有内在的运动性，如浮沉、升降、动静等，正是由于气的变化，而使万物和谐一致，即"太和"，此变化过程被称为"天道"。作为物质性的"气"，有无形和有形两种状态，无形即为"太虚"，有形即为"聚散"。照此观点，可以与原理课中的"物质与意识"相连，说明物质学说的中国哲学传统，同时可以融会在物质的基本属性——运动与变化的相关解释中。物质观是马克思主义哲学的基石，以此为基础，课程内容渐渐深入世界的联系与发展、认识论和历史观等内容，因此，在中华优秀传统文化中找寻相关的内容进行融入可以将原理课的层次性进行一个

---

① 张岱年.中国古典哲学概念范畴要论（增订版）[M].北京：中华书局，2017：33.

"升华"和"拔高"。比如，在讲解唯物史观时，马克思主义哲学以螺旋式向上发展的社会形态前进理论为核心内容，认为未来的共产主义社会将是完美的理想状态。

中国哲学中也有对社会历史的思考，比如，儒家提到的"小康社会"和"大同社会"。大同社会是儒家最理想的社会状态，在《礼记》中曾这样描述过它的精髓——"大道之行，天下为公"，其将"公有"看成整个社会制度的核心，首先是在权力和选拔人才方面，由人民公选出来，取消世袭和统治者直接任命，有反王权的独断的意味。其次，在人与人之间的相处问题上，大同社会提倡的是"讲信修睦"，人人谨守礼法信用，天下平等，衣食有着。再，在社会保障方面，敬老爱幼，无处不均匀、无处不饱暖，男女平等。而且儒家考虑人年老和有残障时的养育问题，提出"老有所终，壮有所用，幼有所长，鳏寡孤独废疾者，皆有所养"（《礼记·礼运》）。最后，儒家认为在大同社会，劳动是一件光荣的事，各尽其力成为人们高度自觉而自律的一件事，"力恶其不出于身也，不必为己"（《礼记·礼运》）。这一点和马克思主义将劳动看成人的本性有很高的契合度。

比大同社会稍低一级的是小康社会，在《礼记·礼运》中同样描述过这一社会的特点："今大道既隐，天下为家。各亲其亲，各子其子，货力为己。"这里的"天下为家"和大同社会的"天下为公"相对比，在这样一个社会状态中，人人为公的态度转变为"各亲其亲"，权力由公有转为私有，世袭权力催生出礼和义，儒家在这里指出在小康社会，人们应该遵循的道德规范，包括君臣、父子、兄弟、夫妇之间权力的世袭也对私有观念的产生起到很大作用，在这一社会里，"以功为己"，以私利为主，最后导致的结果就是"兵由此起"。在原理课中，以大同和小康作为例子引入可以让学生明白古代先哲关于社会演进的哲学思考，同时，可以进行思维发散和延伸，将其与"毛泽东思想和中国特色社会主义理论体系概论"里的小康社会进行联系，打通不同课程之间的关联，比如，在该课程中，邓小平在1979年会见日本首相大平正芳时首次用"小康""小康之家""小康的状态"等词来对照中国式的"四个现代化"。他说："我们要实现的四个现代化，是中国式的四个现代化。我们的四个现代化的概念，不是像你们那样的现代化的概念，而是'小康之家'。到本世纪末，中国的四个现代化即使达到了某种目标，我们的国内生产总值人均水平也还是很低的……所以，我只能说，中国到那时也还是一个小康的状态。"[①] 这样的延伸发散也可以让学生深刻了解各门思政课之间的内在联系。除此之外，像道家所提的"天人合一""各美其美、美美与共"等思想可以用来与"辩证法的三大规律"等相联系。

马克思主义政治经济学也是原理课的重要内容，它讲述了资本主义的经济发展过程、发展历史和当代资本主义的发展现状，在这一章节，中华优秀传统文化依然可以融会到教学中。比如，在讲商品经济的发展时，可以将《清明上河图》融入内容中，以中国古代社会商品经济的萌芽作为穿插引入。《清明上河图》是北宋画家张择端的代表作，它描绘了 12 世纪北宋的都城汴京的城市风貌和当时各社会阶层人民的生活百态，也是北宋城市经济的真实写照。在图中，我们可以清晰地观察到汴河两岸繁华的街道和街市，尤其是商铺非常多，这个现象可以与宋之前的唐代进行对比，唐实行严格的里坊制，城中居民被"束缚"在一个个由高墙围绕的里坊之中，类似当今社会的"小区"，里坊内不准开设商铺，人们进行商品交易只能到城中的东市和西市中，老百姓的生活和长安城的设计呈现古代社会浓浓的"自然经济味道"。而与之相对比，《清明上河图》中表现的城市场景可以说是中国商品经济的萌芽和发展。同时，老百姓进行的商品交易，包括"香饮子"、粮食、香料等，都可以结合"商品""劳动价值""价值规律"等相关理论知识点进行讲授，以此提升内容的趣味性、历史性和文化性。

三、"中国近现代史纲要"与传统文化的融合

"中国近现代史纲要"（以下简称纲要课）是以近现代历史的脉

---

① 邓小平文选（第 2 卷）[M]．北京：人民出版社，1994．

络来展现近代以来中国人民救亡图存、不屈不挠的抗争历史，它的内容包括"鸦片战争""新文化运动""五四运动"中国共产党成立、抗日战争、解放战争、中华人民共和国成立以及中国特色社会主义的新发展等。从纲要课的性质和内容来看，它和中华优秀传统文化有很高的契合度和可融合性。首先，从课程特点来说，纲要课兼具思政课与历史课的双重维度，它是"史与论"的结合，而中华优秀传统文化就蕴含在浩瀚的历史之中，因此，课程在"论"的同时，可以让学生在历史的感召中体会中华传统文化的精髓。其次，纲要课的授课目的是培养学生的民族精神，这种精神以爱国主义为核心，正如中共中央宣传部、教育部《关于进一步加强和改进高等学校思想政治理论课的意见》中所指出的，纲要课的开设目的是让学生领会历史，深刻认识为什么中国人民最后选择了马克思主义，选择了中国共产党和社会主义道路，树立以爱国主义为核心的民族精神。最后，从教学内容来看，纲要课的主题是展现"民族独立与人民解放"和"国家富强"两大历史任务，在这一主线的指引下，近代历史上，甚至是古代历史上无数仁人志士提出的传统思想都可以融入课程中。

(一) 发掘传统文化中的爱国主义精神

纲要课以历史的脉络展现了中国人民不屈不挠的抗争精神，它的时间跨度虽然在教材上是以 1840 年前后为起点，但在教学过程中，可以将时间轴往前追溯至古代中国，因此，充分挖掘历史上以爱国主义精神为核心的思想就是纲要课与传统文化可以融合的点。

首先，鸦片战争前后，中国社会涌现出了无数仁人志士，他们的思想和理论中就充满着浓浓的"爱国味儿"。比如，"虎门销烟"的林则徐，他可以说是最早认识到应该开眼看世界的人，尤其是组织翻译了一批外国书刊，如《四洲志》《华事夷言》等，他认为应该向西方国家学习先进技术才能抵御外国的侵略。在捍卫国家主权方面，林则徐认为主权是一个国家的生命，他亲自领兵，深入调查，提出"以守卫战"的方针。

其次，在"新文化运动"和"五四运动"中，传统文化的内容依然可以作为渗透点。有很多教师在讲"新文化运动"时，片面地将其理解为是对传统文化的消解和破坏，但其实这种看法很偏激，"新文化运动"反对的并不是传统文化本身，而是那些腐朽落后，如君权神授、愚忠、愚孝、"三从四德"等封建思想，关于这些，陈独秀、李大钊等都提出过，他们指出有一些"孔子之道"不符合当时的生活。实际上，陈独秀、李大钊等人明确抨击的是反对"将孔教定为国教"，他们并不是反对孔子本人，对儒家学说中的积极成分，他们也是予以肯定的。

（二）将中国共产党在不同历史时期对传统文化的态度融入课程

在纲要课的教学过程中，对中国共产党历史的讲授是重中之重。在抗战时期，中国共产党对传统文化没有做简单的否定，而是将其看作取得战争胜利的宝贵资源，文化抗战路线对凝聚民族精神、增进民族团结起到了重要的作用。因此，将党的不同历史时期对传统文化的继承和发展融入纲要课中可以增强学生对抗战精神的理解，能够增强文化自豪感。

中国共产党自成立以来，就一直以科学的态度对待历史上流传下来的传统文化，党的早期领导人就认为中国的传统文化有些必须加以否定，如具有封建性的糟粕文化就是应当予以破除。毛泽东在《新民主主义论》中，强调要剔除传统文化中那些封建性的"糟粕"，吸收"民主性"的精华，必须将古代封建统治阶级的一切"腐朽的东西"和古代优秀的"人民文化"，即多少带有"民主性"和"革命性"的东西区别开来，不能不加批判地"兼收并蓄"。

抗战时期，日本侵略者在军事、政治和经济方面进行侵略的同时，在文化方面，他们也极尽抹黑、编造，具体表现为歪曲中国历史，将中国文化说成是日本文化的"支流"，恶意编造所谓的"中国社会停滞论""中华民族东来说"，企图从精神和民族心理上打垮中国。与此相应，日本侵略者在中国各地强制学校开设日语必修课，并将其列为晋职加薪的必要条件。在对学生的考核上，规定日语考试不及格就不能升级和毕业，连音乐课都必须唱日语歌。在传统节日方面，日军要求各地老百姓过日本的传统节日。上述日军的文化侵略行径，是对中华民族精神和文化的摧毁，面对如此困境，共产党人纷纷起来抗争，吴玉章在《解放》周刊上发表文章《研究中国历史的意义》指出，中华民族正面临着亡国灭种的生死关头，这个时候我们应该"深刻研究我们的历史"，唤起全民族的爱国精神。

在反击日军的文化侵略上，中国共产党提出了"文化抗战"的思想，首先是对被日军歪曲化的儒家思想进行改造和创新。比如，在对忠、孝、仁、义的新诠释上，《中共中央为开展国民精神动员运动告全党同志书》里就提到，真正的忠孝仁义，必须是忠于大多数人，是要对整个国家尽忠尽职，否则只为少数人的利益尽忠尽孝就是对其的叛逆，像汉奸等流就是不忠不义的叛徒，他们背叛了全民族大多数人的共同利益。中庸思想是儒家的传统精神，古往今来，先哲大儒对"中庸"的诠释就非常多，国学大家杨伯峻先生将其理解为孔子的"最高道德标准"，钱穆和李泽厚也对"中庸"有过这样的翻译，钱穆先生说："中庸之德，可算是至极了！"[①] 孔子认为，中庸作为仁德，是最高的了。[②] 中国人讲求做事不偏不倚，中道即可。在抗战时期，中庸思想也成为共产党人凝聚民族精神和气节的重要载体。《礼记·中庸》里将"国有道""国无道"与"中立""和而不流"等相联系，这表现了中国人刚健不挠的节操。同时，在对"左"和"右"倾的解释上，共产党人创造性地用中庸思想和"过犹不及"来划分，比如，毛泽东就肯定了中庸思想的积极成分，指出"过犹不及"是两条战线斗争的办法，"过"就是"左"的东西，"不及"就是守旧顽固，事物还停在原来的状态，是"右"的东西。

除了对传统文化思想进行诠释，共产党人还通过红色祭祀的方式来增进民族团结，筑起牢固的精神长城。"国之大事，在祀与戎"（《左传·成公·成公十三年》），国家祭祀对中国人来说有着神圣的意义，抗战时期，在黄帝陵、成吉思汗陵等的祭祀活动起到了激发民众抗日热情和构筑民族统一战线的作用。黄帝是中华民族的始祖，

---

① 钱穆. 论语新解［M］. 北京：生活·读书·新知三联书店，2016：149.
② 李泽厚. 论语今读［M］. 北京：生活·读书·新知三联书店，2012：201.

从 1937 年起，中国共产党和陕甘宁边区政府 3 次祭祀黄帝陵。毛泽东、朱德还共同撰写过《祭黄帝文》，文中提出："各党各界，团结坚固；不论军民，不分贫富。民族阵线，救国良方；四万万众，坚决抵抗。民主共和，改革内政。亿兆一心，战则必胜。还我河山，卫我国权。"① 1940 年，陕甘宁边区政府举行了成吉思汗纪念大会，吴玉章在大会上做了重要讲话，他强调成吉思汗之所以能够征战获胜，是因为他能团结本民族和其他民族，抗日民族革命战争要能取得胜利，也应该发扬民族团结的精神。随后，蒙古族、回族、汉族等民族代表也纷纷发言，表示要"把敌人打出去"。祭祀成吉思汗对凝聚蒙古、汉两族人民起到了重要作用，可以说，成吉思汗是一个"文化符号"，其身上蕴含着强大的民族感召力和凝聚力。

四、"毛泽东思想和中国特色社会主义理论体系概论"中融入中华优秀传统文化的路径

"毛泽东思想和中国特色社会主义理论体系概论"（以下简称概论课）是思想政治理论课中的主干课程之一，它通过讲述马克思主义在中国的具体化和本土化过程，让学生了解毛泽东思想和中国特色社会主义理论是指引中国人民走向胜利和辉煌的宝贵思想，也是我党治国理政的基本原则。概论课的课程内容由马克思主义中国化、党的思想路线、新民主主义革命、社会主义建设、新时代中国特色社会主义建设等内容构成。其中，中华优秀传统文化贯穿了课程的很多方面，尤其是在中华优秀传统文化与中国化马克思主义理论的价值取向上有很多契合点。可以说，将中华优秀传统文化融合进课程内容中，有助于让学生在浩瀚博大的传统文化基础上体悟中国特色社会主义理论的科学性，道路和制度的独特性，增强中国特色社会主义的"四个自信"。

（一）充分挖掘概论课的文化属性

中国共产党将中华优秀传统文化看作中华民族的"根"与"魂"，它贯穿着中国发展的方方面面，作为对学生进行世情、国情

---

① 李学勤，张岂之. 炎黄汇典（祭祀卷）[M]. 长春：吉林文史出版社，2002：412.

和党情教育的概论课更是应该将优秀传统文化渗透在课程当中，而且这种渗透和概论课本身所具有的文化属性有着紧密的关联性。

文化性是概论课的基本属性之一，在课程的讲授中弘扬社会主义先进文化，讲清楚马克思主义与中华优秀传统文化的内在联系是其题中应有之义。优秀传统文化作为文化建设这块土壤的"优质部分"，是增强概论课的积淀性与厚重性的重要部分。在概论课的教学中，要充分挖掘其与传统文化的契合点，比如，在开篇"马克思主义中国化"的内容中，就可以引入毛泽东在中共六届六中全会上提到的共产党人要继承中华民族传下来的宝贵财富，要总结"从孔夫子到孙中山"传下来的"文化遗产"等论述。尤其是在全会上所作的报告中，毛泽东引用了儒家经典中提到的"学而不厌""诲人不倦"的论述，强调共产党人一定要认真学东西，不能骄傲自满。对学生来说，如果单纯地将这些内容与课程结合可能稍显单调，因此教师可以再进行深挖，如可以用一些学生所熟悉的，但又不是很明白其中深意的典故进行结合。1939 年毛泽东就在延安在职干部教育动员大会上引用了"朽木不可雕也"的典故来对共产党员进行教育，希望他们要勤于学习，不能偷懒，"对学习有成绩的，就要奖赏，有赏有罚，赏罚严明"[①]。"朽木不可雕也"出自儒家经典《论语·公冶长》，很多学生对此都很熟悉，但如果深问其中的含义，可能很多人都答不出来。其实这句话有自己的历史背景，它的完整表述为："朽木不可雕也，粪土之墙不可杇也，于予与何诛？"（《论语·公冶长》）这是孔子在教育自己的弟子宰予时说的。宰予在学习时喜欢耍小聪明，大白天偷懒睡觉，孔子见后很生气就说了这句话，大意就是说腐烂的木头是没法雕刻的，用脏土垒砌的墙也没法进行涂抹。因此，用这样的典故进行穿插引入，可以让学生在传统文化的底蕴中更好地理解教材内容。

马克思主义中国化的历史发展进程是概论课的核心之一，毛泽东就明确提出要将马克思主义与中华民族的文化形式相结合，做到"具体化"和"本土化"，"活的马克思主义"要与文化传统和现实

---

① 毛泽东选集（第 4 卷）[M]．北京：人民出版社，1991：1571.

国情相适应，"洋八股必须废止，空洞抽象的调头必须少唱，教条主义必须休息，而代之以新鲜活泼的、为中国老百姓所喜闻乐见的中国作风和中国气派"①。比如，在《实践论》中就充满了很多中华传统文化与马克思主义相结合的例子，最典型的当数"知行观"。在中国传统哲学中，对"知"和"行"的探讨始终是主题之一，最早在《尚书·洪范》中就有记载，说大禹治水时上天给了他5条原则——五行、五事、八种政务、五种计时方法和人人必须遵守的最高法则，可以看出，古代哲人在进行认识事物的过程中已经看到了"行"与"思"的关系。而在《礼记·中庸》中，"博学""审问""慎思""明辨""笃行"也涉及"知"与"行"的关系。其后的王安石、王阳明、王夫之等都从各自不同的角度进行了"知"与"行"的探讨，如王阳明的"以知为行"、程朱的"知先行后"、王夫之的"知行统一"等。毛泽东充分汲取了历史上关于"知行观"的讨论，《实践论》的副标题就以"论认识和实践的关系——知和行的关系"为内容。再者，毛泽东在1941年《改造我们的学习》中提出的"实事求是"概念，实则是借用了《汉书》的内容并做了创造性的解释，他说："'实事'就是客观存在着的一切事物，'是'就是客观事物的内部联系，即规律性，'求'就是我们去研究。我们要从国内外、省内外、县内外、区内外的实际情况出发，从其中引出其固有的而不是臆造的规律性，即找出周围事变的内部联系，作为我们行动的向导。"②

新时代以来，习近平总书记提出要对传统文化进行创造性转化和创新性发展，并且强调要将优秀传统文化作为深化文化自信的重要方面。在概论课的教学中，"习近平新时代中国特色社会主义思想中的文化发展"章节就可以生动、有意思的例子引入。比如，以《我在故宫修文物》为例，可以延伸出我国博大精深的钟表文化和新时代工匠精神；以李时珍的《本草纲目》和宋应星的《天工开物》为例，可以结合抗疫过程中的中医药文化和袁隆平的"禾下乘

---

① 毛泽东选集（第2卷）[M]．北京：人民出版社，1991：534．
② 毛泽东选集（第3卷）[M]．北京：人民出版社，1991：801．

凉梦"进行讲述。

（二）明确中华优秀传统文化与中国特色的内在必然性

中国特色社会主义理论体系的发展脉络是概论课教学的重点，其中讲清楚我们为什么要坚持走中国特色社会主义道路，为什么要文化强国，文化自信而不是西化就显得意义重大，它能在客观上让学生了解中国特色社会主义的文化发展之路是符合中国特色、民族特色的，是与我们的国情相适应的。比如，在"社会主义核心价值观"部分，教师可以列举优秀传统文化中的家风文化、人文修养和道德垂范，以此增强对核心价值观的理解，同时，可以从反面的例子来论证为什么我们需要坚持共同的核心价值理念，如某些古装宫廷剧，其不仅宣扬一种"比坏"的价值观，更是对历史观的一种曲解和误读；又如禁播的"抗日神剧"，教师可以从批判历史虚无主义的角度，并结合"新民主主义革命"的教学专题进行讲授，这可以让学生更好地深入优秀传统文化的精神源流之中，切身去感受优秀传统文化的魅力。

概论课中有很多章节内容都凸显着中国特色和中华传统文化之间的联系。比如，在"祖国完全统一"的内容中，维护国家统一就是中华优秀传统文化中所强调的。从历史上来看，中华文化中历来是反对分裂，维护民族统一的。例如，先秦诸子百家中的儒家，孟子提出"春秋无义战"（《孟子·尽心下》），礼乐征伐只有在天下无道时才会出现，而其后的历代忠臣儒士有很多都将民族团结和国家统一看得比自己的生命还重要。维护国家统一是爱国主义的一大表现形式，它是中华民族几千年来积淀而形成的，具有强大的向心力和生命力。《尚书·周书·周官》里说"以公灭私，民其允怀"，贾谊在《治安策》里也写道"国耳忘家，公耳忘私"，还有我们熟悉的"先天下之忧而忧，后天下之乐而乐""人生自古谁无死"等都在不断昭示着要为祖国而献身的精神。因此，在教学中，应该将这些传统文化中可歌可泣的故事体现出来，以鲜活的事迹让学生感受厚重的爱国情、民族情，将原本枯燥的课程打造成为一堂充满情怀、理论与历史厚重感的综合课。

再如，讲到"中国特色的社会主义外交和国际战略"相关内容时，可以加入中华传统文化的元素，像和平共处五项原则的提出，其本身就蕴含着以儒道两家为代表的中华民族爱好和平的民族精神和民族性格。在中华文化中，"和"文化一直贯穿始终，最早在《说文解字》中就有"止戈为武"的记载，大意是说真正的武功不是舞刀弄枪、兵戎相见，而是需要止息兵戈，后引申为"圣人以武禁暴整乱，止息干戈，非以为残而兴纵之也"[班固《汉书（下）》]，即是说动武不是为了去征服、侵略别的国家，而是为了实现和平，维护礼乐文化。在生活中，我们经常谈到"和为贵"，这句话出自《论语·学而》："礼之用，和为贵。先王之道，斯为美。小大由之，有所不行。知和而和，不以礼节之，亦不可行也"，即"和者，从容不迫之意。盖礼之为体虽严，而皆出于自然之理，故其为用必从容而不迫，乃为可贵"（朱熹《四书章句集注》）。它的大意就是说处理解决一切事情都应该按照"礼"来，这样人和人之间的关系都能够调节适当，彼此也能够融洽。"和"思想不仅是儒家所提倡，佛、道、法、墨家都有相应论述，墨家的"兼相爱，交相利"（《墨子》），道家的"自然""无为"等都在体现这一思想。在新时代，习近平总书记提出的"人类命运共同体"思想也是"和"文化的延伸和体现。在2015年习近平总书记于第70届联合国大会上提出了"人类命运共同体"的思想，而后在2020年9月22日，第75届联合国大会一般性辩论上，习近平总书记又再一次强调了这一理念，他说："加强团结，同舟共济……坚守和平、发展、公平、正义、民主、自由的全人类共同价值，推动构建新型国际关系，推动构建人类命运共同体。"[①] 习近平总书记提出的这一全人类应共同遵守的价值理念背后也蕴含着深深的传统文化底蕴，《尚书》中的"协和万邦"、《礼记》中的"天下为公"、《论语》中的"己所不欲，勿施于人"、《正蒙·西铭》中的"民，吾同胞，物，吾与也"等都是"命运共同体"和中华民族爱好和平的价值体现。在教学中，教师

---

① 习近平在第七十五届联合国大会一般性辩论上发表重要讲话［N］．人民日报，2020－09－23.

可以充分利用这些文化资源和素材进行讲授，还可以从东西方比较的角度来阐释。最典型的例子就是西方大哲学家罗素对中华民族爱好和平的经典描述，他说："如果在这个世界上有'骄傲到不屑打仗'的民族，那就是中国。中国人天生宽容而友爱、以礼待人……他们所追求的只是自由，而不是支配。"① 而儒家提出的"仁者爱人"思想也是重要的教学素材，如在《论语·季氏》中，季孙氏将要讨伐颛臾，孔子知道后表示反对，弟子冉有却为其辩护，为自己开脱，孔子以"君子疾夫舍曰欲之而必为之辞"严厉批评了冉有，并主张"仁者爱人"的思想，强调国家应该保持稳定统一而不是四分五裂。可以说，中国人民爱好和平的文化源远流长。从内部来说，是国家统一、民族团结。从外部来说，中国人坚持走和平发展之路，从没想过要走穷兵黩武、霸权争霸，面对国与国的关系，我们始终坚持"人类命运共同体"的理念，这是和西方所谓的权力主义、扩张主义和丛林法则不一致的。

第二节　将中华优秀传统文化融入校园文化活动中

校园文化是校园生活的重要方面，相比理论性较强的思政理论课而言，有趣、丰富、参与性和互动性强的校园文化活动对学生的吸引力更强。将传统文化融入进去，一方面能增强活动的文化性，丰富多元化的活动形式；另一方面有助于增强学生对文化和民族的认同感，特别是与专业相关的文化形式能够帮助他们更好地完成专业认知和学习，起到传承与创新的双重作用。

一、当前传统文化与校园活动融合的困境和问题

关于传统文化与校园活动的融入，目前很多高校都已经在尝试，而且有很多高校会定期将传统文化的特色节日作为校园文化周的重点，但是经过诸多的"尝试"后，传统文化与校园活动的融合

---

① ［英］罗素. 中国问题［M］. 秦悦，译. 上海：学林出版社，1996：154.

仍然存在一些问题。

首先，活动的开展流于形式，片面追求举办次数和参加人次，而忽略了活动的传统文化内涵和达到的效果。有一些学校片面地将传统文化活动的数量和规模纳入考核指标中，开展时以"命令式"的文件要求学生参与，同时将学生参与次数纳入学业综合考评中，这样就会造成"表面繁荣，内里不知所云"的局面，难以达到文化育人的效果。

其次，在专业性上稍显欠缺。现如今，很多高校在思想政治教育领域缺乏专门对传统文化进行专业性研究的教师，尤其是在校园文化活动指导方面，专业性指导较少，对传统文化的理解仅停留在趣味性上，这就导致学生参加传统文化活动大多是因为好玩、有趣，从而降低了文化本身的内涵性。

例如，很多高校都开设有"汉服社"，并且定期举办"汉服文化节"。汉服是中华服饰文化的代表之一，其本身承载着中国"衣冠上国""礼仪之邦""锦绣中华"的文化内蕴。可许多以汉服为主题的校园文化活动只是单纯地让学生穿上汉服展示，而并没有专业教师对其进行讲授，这就造成了一些学生只是单纯地觉得汉服华丽，更有甚者，还对其进行所谓的"创新"改造，将不同的配饰"安装"在汉服上，最后造成不伦不类的局面。

最后，在活动的举办上缺乏系统的规划。一些学校在举办传统文化活动时具有偶发性，开展的时间、内容等都没有统一的规划，有的在很长的一段时间会举办多次活动，有的又会以同一主题连续举办多场活动，这样就会造成学生的审美疲劳，进而其参与的积极性也会降低。

二、传统文化与校园文化活动融合的实现路径探究

（一）优化活动内容，夯实文化底蕴

中华优秀传统文化活动在校园中的开展不应该简单地理解为做几块宣传展板，发几页宣传册，而是应该在活动内容的优化上多下功夫，尤其是在文化底蕴的挖掘上。活动举办方可以主动寻求当地

的文旅局、相关的专业研究机构给予帮助与指导，以便在筹备活动时能够更合理、专业和有深度。在活动的内容上，首先应该明确活动主题和涉及的传统文化知识，然后对工作人员进行专业化的培训。比如，在传统文化民俗节日的活动中，以重阳节为例，首先应该对重阳节有一个清晰全面的认识，要从历史和现实的角度对该节日进行解读，如重阳节定为每年九月初九的原因（"九"在《易经》中为最大的阳数，九九重阳为吉祥之意）；重阳节的历史源流（最早源于人们祭祀大火的仪式，先秦时期，每逢这一天会举行庆祝丰收的宴会）；重阳节的习俗（登高、观赏菊花、吃重阳糕、放纸鸢等）；重阳节又名敬老节的原因等。其次，在对该节日有全面了解的基础上，再来开展相应的活动，特别是可以重点从重阳节所承载的"孝道"文化来宣扬其价值理念。再如，年轻人现在很喜欢过的"七夕节"，这个节日被网络媒体"误导"颇多，很多人将其简单地归结为中国的"情人节"，可事实上七夕在最开始并没有爱情的含义，它又名"女儿节""乞巧节"，始于上古，是女孩向织女星乞求"灵巧"的节日。后来，因为被附会上了"牛郎织女"的传说，才有了爱情的含义。在"七夕"活动的举办中，不应该仅仅以爱情作为宣传点，而是应该将古人对美好生活的期盼、对星象文化的探索融入其中。

（二）丰富活动形式，构建浓厚的传统文化研习氛围

第一，开展传统文化校园活动应该在活动形式上更加丰富多彩，面对"00 后"，乃至"10 后"的学生群体，如果仅是邀请专家来做讲座，理论式的宣讲其实效果不大，因此各学校可以增加活动的内容和形式，比如，可以根据二十四节气，举办相应的纪念活动，以所在地区文化为特色举办相应活动，如北京地区，可以中轴线文化或者宫殿园林为内容来开展。活动在形式上可以是传统文化知识竞赛、传统民俗体验、艺术比赛等，还可以将民间艺人、"非遗"传承人邀请到校园中来，让学生亲身感受文化之美、文化之精。同时，可以将活动的场地延伸到校园之外，可以计划每年 1～2次组织学生去艺术展、博物馆参观，以实物、实例生动展现传统文化的魅力。

第二，学校层面可以从实体和意识两个维度进行宣传，构建浓厚的传统文化研习氛围。首先，在实体方面，可以在校园的宣传栏、图书馆等增加传统文化的相关标语，可以在绿植标牌上增加古人关于植物的诗句，在教室墙面悬挂古人关于读书的名言警句和经典故事，让学生能从校园的方方面面来学习传统文化。其次，在意识层面，可以倡导学生主动学习自己感兴趣的传统文化知识，组建学习和研习交流小组，让学生产生持续学习的动力。

（三）利用新媒体技术，助力传统文化的校园传播

在当今数字化时代，新媒体技术已经全面渗透到我们生活的各个领域。借助互联网的强大力量，即便是最微小的信息也能迅速地被放大并展现在公众面前。那么，什么是新媒体技术呢？简言之，它是一种基于数字技术、网络技术以及其他现代信息技术或通信技术的媒介形态和平台，这些平台都具备高度的互动性和融合性。在当前阶段，新媒体的主要形态包括网络媒体、手机媒体以及它们融合而成的移动互联网，同时还有其他多种具有互动性的数字媒体形式。面对新时代的挑战，传统文化要想吸引并抓住年轻人的心，就必须紧跟时代的步伐，充分利用新媒体技术。特别是在校园文化活动中，不能再局限于传统的讲座和展示方式，而应借助多样化的新媒体技术，将传统文化的精髓以更加生动、直观的方式展现出来。

第一，应当充分利用微信这一高度普及的平台来传播和弘扬传统文化。鉴于微信在大学生群体中的广泛覆盖，这一平台无疑成为了人与人、人与信息和服务之间的重要传播媒介。因此，在策划和举办校园传统文化活动时，可以创建专门的公众号，并运用新媒体的思维模式来运营，以构建传统文化与新媒体的和谐共生模式。以诗词文化为例，许多高校的校园文化活动都会围绕这一主题展开。然而，传统的诗词文化活动往往形式单一，如简单的诗词问答或诗词联句猜谜，且受到场地和规模的限制。为了突破这些局限，可以借助微信的力量，通过公众号向学生推送"诗词小科普""诗人经典小故事"等内容，同时利用小程序中的投票功能，鼓励学生参与

"最美诗句""史上十大最佳诗人"等评选活动，从而增强活动的互动性和参与感。在公众号和小程序的应用过程中，教师也需要积极学习相关的软硬件知识，改变传统的图文排版形式。例如，可以加入动态展示栏、漫画形象等元素，从视觉效果上吸引学生的注意，使他们更加积极地参与和体验传统文化活动。

第二，可以充分利用好短视频平台。为了更有效地向年轻人传递传统文化的魅力，可以充分利用短视频平台，以科普视频的形式来展示传统文化的相关知识。相较于传统的图文传播方式，短视频以其动态、趣味性和简短的特点，成功吸引了大量年轻人的关注。从抖音、快手、微博视频、B站等平台的点赞和用户数来看，短视频在传播传统文化方面具有巨大的潜力。通过短视频，可以将传统文化元素在现代空间和时间中重新运用，实现其"场景化"和"生活化"。在短短1~5分钟的视频中，不仅可以确保内容的专业性和趣味性，还能通过生动的解读，让传统文化重新焕发生机，与年轻人产生情感共鸣。短视频平台将中华优秀传统文化的典型代表以实物化、场景化和动态化的方式呈现，使得传统文化以一种可感受和可亲近的方式与年轻人拉近距离。在大数据的推动下，更多的古物、古籍得以被唤醒和激活，实现了从"静态美学"到"动态美学"的华丽转身。事实上，短视频平台上的"谁说国画不抖音""历史新知"等话题已经获得了数十亿的流量，这充分证明了短视频在推动传统文化复兴方面的巨大作用。因此，在校园传统文化活动的策划和执行中，我们可以积极引入短视频元素。例如，在相关公众号上提前发布活动的科普视频进行预热，随后在抖音、快手、B站等平台展示活动的精彩内容，从而增强活动的吸引力和参与性，打破校园空间和场地的限制。

第三节　充分利用新媒体手段促进高校思想政治教育与中华优秀传统文化的融合

一、利用新媒体手段促进高校思想政治教育与中华优秀传统文化融合的重要意义

（一）提升大学生道德品质

在新媒体时代，随着移动智能终端的普及和短视频平台的蓬勃发展，信息传播的方式和速度得到了空前的提升。这不仅为大学生提供了快速获取多元化信息的渠道，还让他们能够更加个性化地表达自我观点，实现从单一的信息接收者到信息组织者、传播者的角色转变。中华优秀传统文化蕴含着深厚的哲学思想、人文精神与道德理念，其育人化人的思想方法更是传统美德的集中体现。在新媒体环境下，将中华优秀传统文化融入高校思想政治教育，不仅能够更好地契合当代大学生的行为特点与兴趣偏好，还能充分发挥现代技术的优势，通过线上多渠道广泛传播和弘扬中华优秀传统文化。这一举措不仅拓宽了思想政治教育的渠道，增强了教育的时效性，也贯彻了"互联网＋教育"的理念，满足了大学生根据自身需求自主获取学习资源的需求。同时，还能丰富思想政治教育的内涵，增强中华优秀传统文化对大学生的影响力，培养他们的辩证意识，引导他们形成积极向上的价值观念和行为品质。

（二）培养大学生奋斗精神

在新媒体时代，思想政治教育面临着新的机遇和挑战。这是一项全方位、全过程、全员参与的复杂系统工程，旨在深入影响并塑造大学生的价值观。自古以来，中华民族就弘扬着坚韧不拔、拼搏进取、自强不息的精神。在新媒体背景下，将中华优秀传统文化融入高校思想政治教育，具有多重意义。第一，这种融合能够充分利用新媒体技术的优势，如具有良好的时效性、互动性等，突破了传

统思想政治教育的界限，创新教育模式，更贴近当代大学生的思维与行为方式，使教育更具活力和吸引力。第二，通过新媒体平台，大学生能够更便捷地接触和阅读经典著作，学习中华优秀传统文化，感受独特的魅力。这不仅能激发大学生的学习兴趣，还能促使他们从中汲取精神力量，形成积极向上的价值观和行为品质。第三，这种教育融合有助于培养大学生的奋斗精神。通过学习中华优秀传统文化，大学生能够深刻理解并认同坚韧不拔、拼搏进取的精神，从而敢于、勇于、乐于承担社会责任和国家使命。这不仅能提高他们的自我控制能力和辩证认知能力，还能增强他们的集体观念，为实现高校思想政治教育的目标奠定坚实基础。

（三）增强大学生爱国情怀

在新媒体时代，大学生群体因其思想、认知和情感的多样性，使得传统的单一思想政治教育模式显得力不从心。新媒体的崛起为中华优秀传统文化融入高校大学生思想政治教育开辟了新路径。高校不仅可以通过传统的线下课堂深化大学生的思想认知，还可以借助新媒体构建线上教学平台，系统梳理和整合与思想政治教育主题紧密相关的中华优秀传统文化资源，从而丰富思政教育的内涵，增强其时效性和针对性。特别是在爱国主义教育方面，新媒体的融入能够更为生动、直观地展现中华民族的伟大历史和灿烂文化，激发大学生的爱国情怀，提升他们的民族自豪感和认同感，促使他们继承和发扬红色基因。此外，新媒体环境下，大学生可以随时随地通过移动智能终端访问线上教学平台，选择符合自己学习需求的短视频资源进行学习。这种灵活的学习方式不仅能满足大学生的个性化需求，还能激发他们的学习兴趣，引发情感共鸣，从而达到思政育人的目的，提高学习成效。

二、利用新媒体手段促进高校思想政治教育与中华优秀传统文化融合的路径探究

（一）依托新媒体技术，加强基础设施建设

进入新媒体时代后，高校为实现思想政治教育目标并积极影响

大学生的价值观形成，必须树立现代化理念和数字化思维。这不仅要求高校要认识到在思想政治教育中融入中华优秀传统文化的必要性，还需在"互联网＋教育"的大背景下，结合现有资源，加强数字化基础设施的建设。第一，高校应充分利用 5G、云计算、大数据和人工智能等前沿技术，推动思想政治教育的数字化转型。不仅能使教育更具时代性，还能通过数字化手段为中华优秀传统文化的融入提供有力支撑，确保其在高校思想政治教育中发挥积极作用。第二，高校需加强校园网络的建设。这不仅包括为新媒体技术提供稳定可靠的网络支持，确保思想政治教育主题网站、线上教学平台的高效运行和微课、慕课等视频资源的流畅播放，还要提高网络覆盖率和运行速率，避免因网络问题影响学习体验。通过这些措施，高校将能够构建一个全面的数字化基础，为中华优秀传统文化在高校思想政治教育中的融入提供坚实保障。有助于拓宽教育广度，使中华优秀传统文化融入大学生的日常生活中，更能在潜移默化中引导他们形成正确的价值观和行为品质。

（二）培养数字化思维，提升教师教学能力

在新媒体时代，面对多元文化及网络文化的冲击，部分高校大学生在价值观和行为上表现出思想不坚定和行为不规范的现象。为了引导大学生形成积极、健康的价值观和行为习惯，高校必须重视提升教师的教学能力，特别是在数字化思维方面。高校应通过培训和实践训练，帮助教师树立现代化教学理念，培养数字化思维，并鼓励他们积极应用新技术于教学中。同时，教师应具备大单元意识，深入探索思想政治教育与中华优秀传统文化之间的紧密联系，构建科学、系统的教育框架，以达成教育目标。为实现这一目标，高校可结合数字技术与专业教育深度融合的发展趋势，加强针对教师的新媒体技术普及教育，提升他们对新媒体技术的专业认知。通过邀请技术行业专家，引导教师熟练掌握新媒体技术的使用方法和技巧，打造一支具备高度专业素养的教师队伍。此外，高校应充分利用绩效考核的激励作用，组织听评课活动，包括"听—观—评"三个环节，并发挥线上教学平台的督导功能，明确新媒体技术的应

用范围。这些措施将有效激发教师的积极性和创造性，引导他们根据大学生的实际需求和教学目标，精心制作微课、慕课等教学视频，推动中华优秀传统文化与思想政治教育的有效融合。

（三）以新媒体为依托，搭建线上教学平台

面对当今高校大学生价值取向多元、思想独立的现状，为了更好地适应他们的思维特点和行为方式，实现思想政治教育目标，高校需要秉持"以生为本"的教育理念，依托新媒体技术，积极搭建线上教学平台。这一平台将系统地整合思想政治教育内容，创新教学活动的开展形式，并通过多样化的模式呈现中华优秀传统文化，旨在帮助大学生深刻理解思想政治教育的内涵，同时激发他们深入了解并主动弘扬中华优秀传统文化的热情。在构建线上教学平台时，高校应精心选择与思想政治教育主题紧密相关的中华优秀传统文化内容，并融入体现社会主义核心价值观的短文或故事。这样的内容选择有助于从国家、社会、个人三个层面构建完整的思想政治教育体系，丰富中华优秀传统文化在思想政治教育中的融入形式。此外，线上教学平台应合理设置多个板块，如文字区、视频区、讨论区等。在文字区，可以融入经过创造性转化和创新性发展的中华优秀传统文化；在视频区，上传高质量、短时长的微课视频；在讨论区，鼓励大学生积极参与中华优秀传统文化的传承与思想政治教育的讨论，形成教师"教"与学生"学"的良性互动。通过这种方式，不仅可以深化大学生对中华优秀传统文化的理解，还能将爱国主义情怀深深植根于他们的心中，以崇高的道德理念激励他们成长。

（四）立足融媒体时代，应用混合教学模式

在融媒体时代，线上线下混合教学模式以其资源共享、模式多样化和实时互动的优势，在教育领域获得了广泛认可和应用。为了培育大学生形成积极向上的价值观和行为品质，教师应坚守课堂这一教育主阵地，并结合个人实际情况和大学生的行为特点，积极运用混合教学模式。在这种教学模式下，教师不仅要鼓励大学生利用线上教学平台自主学习，深入探索中华优秀传统文化的内涵，还要

充分发挥自身的引导作用，在线下课堂上对重难点进行详细讲解，从而加深中华优秀传统文化在思想政治教育中的融合深度。第一，教师应贯彻落实《关于深化新时代学校思想政治理论课改革创新的若干意见》《完善中华优秀传统文化教育指导纲要》以及《关于实施中华优秀传统文化传承发展工程的意见》等政策精神，结合当代大学生的价值观念，合理设定思想政治教育目标，科学编写思想政治教材，为构建高效课堂奠定坚实基础。第二，教师应充分利用线下课堂进行讲授、实践等教学活动，同时在线上教学平台上传融合中华优秀传统文化的微课、慕课等教学资源，并通过短视频平台传播中华优秀传统文化。通过这种方式，教师能够构建文化思政与网络思政相结合的全方位育人体系，有效提升思想政治教育的影响力，进一步促进大学生对中华优秀传统文化的认同和传承。

第四节　贵州红色文化融入高校思想政治教育路径探究

一、红色文化概述

（一）红色文化

红色，作为一种基本的色彩，在中华优秀传统文化中却承载着丰富的象征意义，代表着喜庆、吉祥、欢乐和大气，象征着美好与祥和。随着时间的推移，红色在中国人的心中有着不同的解读和呈现。在古代，红色在中国社会中扮演着极其重要的角色，是人们日常生活中常用的颜色之一。每当重大节日来临，红色便成为不可或缺的元素。例如，在春节期间，家家户户都会挂上红色的对联和年画，象征着红红火火，祈愿新年里好运连连、幸福美满。同样地，在婚礼上，红色也是主打色调，代表着爱情的热烈和纯洁，以及新人的幸福和美满。红色，早已深深烙印在中华民族的血脉基因中。进入近代，随着中国社会的变革和发展，红色又被赋予了新的含义。近代革命运动中，红色成为政治的象征，代表着革命和进步。

1949年新中国成立后，红色更是成为一种经典的颜色，深深地融入了我们的生活和精神中。如今，无论是中国的国旗、中国共产党的党旗，还是中国人民解放军的军旗，都采用了红色作为主色调。此外，少先队员的红领巾也是红色的，象征着年青一代对祖国的热爱和对革命先烈的敬仰。可以说，红色已经深深地融入了我们的生活之中，成为中国的"国色"。它不仅是一种颜色，更是一种精神象征和文化符号，代表着中华民族的团结、勇敢和奋斗精神。

"红色文化"，这一词汇背后蕴含着深厚的中国特色和风格，是一种独特的先进文化形态。其不仅仅是红色与文化的简单结合，而是蕴含了更为广泛和丰富的内涵。近年来，随着国家文化战略地位的提升，红色文化的研究逐渐成为学术界的热点。然而，关于红色文化概念的精确定义，学术界尚未形成统一的共识。例如，汤红兵认为，"红色文化包括制度文化、物态文化、思想文化和精神文化"[①]。有的学者认为红色文化有广义和狭义之分。比如，梁长根认为，"红色文化在广义上它是指在世界社会主义和共产主义运动整个历史过程中形成的人类进步文明的总和，包括物质、制度和精神三个方面"[②]。在广义上，红色文化代表了世界社会主义和共产主义运动历史进程中形成的人类进步文明，包括物质、制度、精神等多个方面。而在狭义上，红色文化特指在中国共产党的领导下，人民群众在新民主主义革命、社会主义革命、社会主义建设和改革开放的伟大实践中所创造出的物质和精神财富的总和，是马克思主义中国化的重要成果和体现。在前人研究的基础上，我们进一步探索了红色文化的内涵。我们认为，红色文化是中国共产党在革命战争年代，与社会各界先进分子和广大人民群众共同创造的一种具有鲜明中国特色和风格的先进文化。不仅承载了重要的革命精神，如坚定信念、艰苦奋斗、英勇奋斗等，更蕴含着深厚的历史文化底蕴，体现了中国人民的智慧和力量。

---

① 汤红兵.湘鄂西红色文化的形成及开发——以洪湖、监利红色文化资源为主体透视［D］.华中师范大学，2006.

② 渠长根.红色文化概论［M］.北京：红旗出版社，2017：19.

（二）红色文化资源

红色文化资源，这一独特的文化遗产，展现了丰富多样的形态，主要可划分为物质类和精神类两大类别。这些资源均源自新民主主义革命和社会主义现代化改革建设的伟大历程，是中国共产党领导各族人民在革命斗争与社会主义现代化建设实践中所积累下来的宝贵财富。

物质类红色文化资源，通常以具体、可感的物质形态存在，如延安革命老区的杨家岭、革命领袖的故居等。其中，红色革命类遗址尤为引人注目，它们见证了中国共产党带领人民争取解放的历程，记录了重要历史事件、会议和战斗，同时承载着革命烈士陵园、杰出人物故居和红军纪念馆等纪念设施。这些遗址遗迹不仅是革命先辈英勇奋斗的历史见证，更是他们崇高理想和坚定信念的具象化表达，为我们提供了爱国主义教育和革命传统教育的重要载体。

精神类红色文化资源，以无形的观念形态呈现，主要包括时代价值、道德品质等精神财富。它们源于新民主主义时期和社会主义建设时期，广大人民群众在共产党领导下为争取民族独立和国家主权所创造出的共同理想信念、目标和共产主义信仰。这些精神资源是红色文化的精髓所在，体现了中国共产党人在长期革命斗争中结合实际、创造性发展的民族精神和时代精神。这些精神财富对于我们今天仍然具有重要的启示意义和教育价值。

二、贵州红色文化资源概况

贵州省，简称"黔"或"贵"，坐落于祖国西南部的云贵高原东斜坡，总面积约为 17.6 万平方千米，是一个多民族共同生活的内陆山区省份。这里不仅风景秀丽，更在中国革命史上留下了浓墨重彩的一笔。贵州，曾是红军长征途中面临最为复杂、时间最长的省份之一。在这片土地上，包括黔东、黔北、滇黔桂边区和黔西北。这些根据地不仅为红军提供了重要的战略支持，也为红军的发展壮大奠定了坚实的基础。可以说，贵州是中国革命史上一个生死攸关的转折点，也是红军成长壮大的重要之地。

（一）贵州红色文化资源分类

贵州的红色文化，源自革命战争时期中国共产党人携手贵州的社会先进分子和人民群众共同创造的辉煌历史，其深厚的历史底蕴和崇高的精神价值令人肃然起敬。作为中国共产党先进文化的重要组成部分，贵州红色文化深深烙印在中国革命、建设和改革的各个历史时期，对党的发展历程产生了深远的影响。关于贵州红色文化资源的分类，可以将其大致归为两大类：物质类资源和非物质类资源。为了更全面地了解这些资源的概况，我们可以从贵州红色文化的表现形式和地理分布两个维度进行探讨。这些资源的丰富性不仅体现在其独特的物质形态上，更体现在它们所承载的深刻精神内涵之中。

1. 贵州红色文化资源的表现形式

革命旧址，犹如历史的活化石，见证了中国共产党自新民主主义革命以来，领导中国人民为争取解放和奋斗所经历的无数关键会议、事件、战役及其他具有里程碑意义的活动。在贵州这片红色土地上，革命旧址尤为丰富且珍贵。例如，遵义会议会址、娄山关战斗遗址、红军四渡赤水战斗遗址、苟坝会议会址、青杠坡战斗遗址等，以及红军总政治部旧址、遵义红军警备司令部旧址等，这些革命历史遗迹不仅承载着中国共产党和中国人民的英勇奋斗历程，更彰显着贵州在中国革命史上的重要地位。

同时，纪念场馆作为缅怀英雄、铭记历史的重要场所，在贵州同样丰富多样。黔东革命历史纪念馆、周逸群烈士陈列馆、枫香溪会议会址等，这些纪念场馆不仅展示了贵州人民在中国革命中的英勇奋斗和牺牲精神，更是对英雄人物的敬仰和怀念的寄托。木黄会师纪念碑、邓恩铭烈士故居、赤水红军烈士陵园等，每一处都承载着对革命先烈的崇高敬意和深切怀念。这些纪念场馆不仅是历史的见证，更是激励后人不断前行的重要力量源泉。

红色精神，是新民主主义革命时期中国共产党领导人民群众，在寻求民族独立、人民解放和国家繁荣富强的壮丽征程中，所孕育出的崇高价值和深邃思想，它以观念形态展现在我们面前。在贵州这片丰饶的土地上，遵义会议精神和长征精神等光辉篇章被永久镌刻，成为激励后人的红色力量。

红色人物，是在国家解放和民族独立战争烽烟中脱颖而出的英雄代表，他们为党、国家和人民奉献出了毕生的心血和汗水。在贵州，邓恩铭、周逸群、杨至成等英雄的名字，与他们光辉的事迹和英勇无畏的牺牲精神紧密相连，成为我们党优良传统的鲜活体现。他们的事迹不仅在当时闪耀着璀璨的光芒，即便在今天，依然具有极高的思想教育价值，值得我们学习和传承。

红色文学艺术，作为红色文化的重要组成部分，涵盖了红色诗词、曲艺、戏剧、歌曲等多种形式。其中，一些脍炙人口的红色诗词作品，如《忆秦娥·娄山关》中的"雄关漫道真如铁，而今迈步从头越"，以及《七律·长征》中的"红军不怕远征难，万水千山只等闲"，都生动展现了革命战士的坚定信念和豪迈气概。而红色戏剧、歌谣、曲艺、戏剧等作品，如《红军送我一把壶》和《四渡赤水出奇兵》等，则通过艺术形式将革命战争的壮丽画卷生动再现，让人们仿佛身临其境。此外，一些感人至深的红色故事，如《红军坟》和《一件棉大衣的故事》等，以其独特的情节和深刻的思想内涵，成为传承红色文化的重要载体，让人们深刻感受到革命先烈的伟大精神。

2. 贵州红色文化资源在地理上的分布情况

根据贵州的地理分布，可以将红色文化资源划分为四个区域：黔北、黔南、黔东和黔西。其中，黔北地区的红色文化资源尤为丰富，主要集中在遵义市及其周边的地级市如仁怀、赤水等地。这些地区拥有如遵义会议会址、娄山关战斗遗址、红军四渡赤水战斗遗址、苟坝会议会址、红军总政治部旧址、遵义红军警备司令部旧址和中华苏维埃共和国国家银行旧址等重要的革命旧址。这些旧址不仅承载着深厚的历史记忆，更是红色教育的重要场所，共同构筑了黔北地区独特的红色文化资源体系。

在黔南地区，红色文化资源主要集中在瓮安县、荔波县等地。

这些地方的红色文化资源十分丰富，如猴场会议会址、江界河战斗遗址、邓恩铭故居、红七军板寨会师旧址、永康穿洞抗日遗址和盘县会议会址等，这些地标不仅是黔南地区红色文化的重要代表，更是传承红色基因、弘扬革命精神的重要载体。

黔东北和黔东南地区因其红色文化资源的丰富性和多样性而备受瞩目，这些资源不仅种类繁多，而且内涵深厚，影响力广泛。黔东地区尤为耀眼，它拥有一系列著名的红色文化地标，如庄严肃穆的木黄会师纪念碑、周逸群烈士的故居、历史悠久的黔东革命委员会旧址、见证重要历史时刻的枫香溪会议会址、红六军团政治部旧址、甘溪战斗纪念碑，以及旷继勋烈士的故居等。每一处地标都承载着革命先烈的英勇事迹和崇高精神。同样，黔东南州也拥有丰富的红色文化资源。这里有黎平会议会址，见证了革命历史的重要转折；有剑河红军大广坳战斗遗址，让我们铭记红军战士的英勇无畏；还有龙大道烈士的故居、杨至成将军纪念馆、镇远周达文故居、榕江红七军军部旧址等，每一处都承载着厚重的历史记忆，是对革命先烈的最好纪念。

在黔西地区，红色文化资源主要集中在毕节和安顺两地。在毕节，有"鸡鸣三省"会议会址，见证了革命历程中的关键时刻；有贵州抗日救国军司令部旧址，提醒我们不忘国难，铭记历史；还有中国工农红军第六军团政治部旧址、毕节烈士陵园、梯子岩红军战斗遗址等，这些遗址都见证了革命先烈的英勇事迹和无私奉献。而在安顺，王若飞故居等红色文化资源同样具有重要地位，让我们铭记先烈的丰功伟绩，传承红色基因。

这些革命遗址不仅具有极高的历史价值，更是育人的宝贵财富。无论在任何时期，它们都承载着教育后人的重要使命。在今天这个新时代，这些独特的、不可复制的红色文化资源对于贵州乃至全国的高校大学生来说，更是开展思想政治教育工作的宝贵资源。为理论教学提供了生动的案例，为实践教学提供了丰富的素材，对于提升大学生的思想政治素质具有重要意义。

（二）贵州红色文化资源特征

贵州的红色文化，犹如璀璨明珠，在中国共产党先进文化体系中熠熠生辉。不仅贯穿于中国革命、建设和改革的壮丽历程，更以其鲜明的先进性、深厚的民族性和坚定的革命性，成为新时代推动社会主义文化强国建设、巩固社会主义核心价值体系的重要精神基石。对于大学生来说，它更是一份宝贵的思想政治教育素材库。

1. 先进性

谈及贵州红色文化的先进性，不得不提其背后的领导力量——中国共产党。正是在党的引领下，社会积极分子和广大人民群众在革命的烽火岁月中，共同创造和培育了这一独具特色的文化形态。其中，最为显著的是马克思列宁主义的指导思想，这一人类历史上最科学、最先进的思想体系，为贵州红色文化注入了强大的生命力。贵州红色文化所倡导的人民至上、以人民利益为重的价值理念，与新时代人民群众的需求紧密相连。这种精神风貌，不仅体现了中国人民坚韧不拔、勇往直前的革命精神，更成为新时代大学生精神成长的重要支柱。红色文化的先进性，正是通过这种精神品质的传承和弘扬，为新时代的大学生提供了丰富的红色文化滋养。

2. 民族性

在当时中国半殖民地半封建的历史背景下，中国共产党深刻认识到，实现民族民主革命，确保中华民族独立和主权完整，是无产阶级解放事业的基石。中国无产阶级的解放事业与中华民族复兴的伟大梦想紧密相连，共同铸就了新民主主义革命中的中国共产党革命文化，这种文化深植于民族复兴的土壤之中。贵州红色文化，作为这一伟大革命文化的重要组成部分，其形成和发展充分展现了红色文化的民族性特征。在红军长征穿越贵州的艰难岁月里，他们得到了当地各族人民的坚定支持和无私援助。不仅体现了红军与当地民众的深厚情谊，更是红色文化中民族团结精神的生动写照。同时，中国共产党革命文化的传播和发展，极大地激发了人民群众的觉醒和阶级觉悟，增强了党的革命主张对广大人民的凝聚力、号召力和向心力，为中华民族的伟大复兴注入了强大的文化动力。

3. 革命性

贵州的红色文化资源，宛如历史长河中不朽的丰碑，深深植根于革命战争的烽火岁月。它们是在中国共产党坚强领导下，由广大人民群众历经千辛万苦、浴血奋战所形成的宝贵财富。这些资源所蕴含的强烈战斗性、革命性和彻底性，不仅记录了那段波澜壮阔的历史，更激励着一代又一代人为理想而奋斗。即便在和平的今天，当我们聆听国歌《义勇军进行曲》那激昂的旋律时，依然能够感受到那份对革命的炽热情怀和为国家前途命运献身的坚定信念。这些由红色故事、红色档案和红色人物构成的经典之作，如同历史的灯塔，指引着我们在新时代的航程中不迷失方向。这些红色经典不仅是历史的见证，更是革命精神的传承，其魅力穿越时空，永恒不变。

4. 多样性

贵州的红色文化资源，以其丰富多彩的形态和内涵，吸引着无数人的目光。这些资源既包括承载着革命历史的重大战役遗址、重要会议和事件旧址、烈士陵园、领导人旧居等实体遗迹，又包括革命文物、红色文献、照片、历史档案等珍贵的物质文化遗产。而在非物质文化层面，贵州的红色文化更是精彩纷呈。红色戏剧、戏曲、说唱艺术、红色诗词、故事以及红色歌谣等艺术形式，不仅丰富了红色文化的表现形式，更深入地挖掘和展现了红色文化的精神内涵。这些文化形态共同构成了贵州红色文化的多彩画卷，让人们在欣赏中感受到那份深厚的历史底蕴和丰富的文化内涵。

三、贵州红色资源与大学生思想政治教育的内在关联

贵州的红色资源，其形成与中国共产党百年波澜壮阔的奋斗历程紧密相连，承载着铸魂、聚心和育人的重要使命。在贵州调研时，习近平总书记特别指出，应当充分利用这些宝贵的红色资源，开展党的优良传统教育和理想信念教育。这一重要指示，为我们如何将红色文化资源有效融入大学生思想政治教育提供了明确的指导方向。事实上，贵州的红色资源与大学生思想政治教育之间存在密

不可分的联系。通过深入挖掘和利用这些红色资源，可以极大地增强大学生思想政治教育的吸引力和感召力。这些资源不仅是历史的见证，更是精神的传承，能够激发学生的爱国情怀，坚定他们的理想信念，培养他们的革命精神，为他们成为新时代的建设者和接班人提供强大的精神支撑。

（一）具有目标指向的一致性

第一，从根本目标上来看，高校思想政治工作与红色资源教育展现出高度的一致性。高校思政教育的根本任务是明确如何培养人、培养什么样的人以及为谁培养人这一教育根本问题。党中央强调，高校思政工作应以学生为中心，全面关心和服务学生成长，旨在提升学生的思想深度、政治觉悟、道德品质及文化素养，培养出具备高尚品德和全面能力的新时代人才。贵州的红色资源，作为中国共产党政治品格的生动写照，其所蕴含的红色精神具有强大的感染力和教育价值。通过将这些红色资源融入高校思政教育，能有效引导大学生坚定理想信念，培育爱国情怀，传承革命精神，确保红色基因代代相传。这不仅有助于大学生树立正确的世界观、人生观和价值观，更有助于他们成为能够担当民族复兴重任的新时代青年。

第二，从价值取向上来看，二者同样表现出一致性。高校思政教育的核心目标是实现"立德树人"，即培养具备高尚品德和坚定信仰的新时代人才。在这一过程中，坚定的理想信念是不可或缺的精神基石，对马克思主义、社会主义和共产主义的信仰，以及对中国特色社会主义道路、理论、制度、文化的自信都至关重要。通过将贵州的红色资源融入高校思政教育，不仅可以进一步巩固大学生的政治认同和使命感，还能引导他们增强"四个意识"、坚定"四个自信"、做到"两个维护"，确保他们在实现个人价值的同时，为国家和民族的繁荣作出积极贡献。

（二）具有功能作用的契合性

第一，贵州红色资源与高校思想政治教育在教育效用上呈现明显的共性。高校思想政治教育的核心在于以马克思列宁主义、毛泽东思想、邓小平理论、"三个代表"重要思想、科学发展观和习近平新时代中国特色社会主义思想为指导，致力于通过系统、科学的理论教育和道德规范，有计划、有组织地提升大学生的政治觉悟和综合素质。与此同时，贵州红色资源作为党领导人民群众在革命历史中积累的宝贵财富，不仅承载着党的信念和宗旨，更凝聚了先进文化的精髓，兼具物质和精神双重价值。这些红色资源在提高大学生思想观念、政治意识以及综合素质方面起到了至关重要的作用。由此可见，贵州红色资源与大学生思想政治教育在功能上相得益彰，共同肩负起对大学生进行爱国主义教育和理想信念教育的重任。通过深入挖掘和利用这些红色资源，能够为培养具备高尚品德和坚定信念的新时代青年人才贡献出重要力量。

第二，贵州红色资源与高校思想政治教育均承载着显著的导向功能。这些红色资源承载着深厚的革命精神和丰富的物质文化，更在教育领域发挥着至关重要的引领作用。作为高校思政教育的珍贵资源，贵州红色资源与思政教育紧密相连，相辅相成，共同促进学生的全面发展。一方面，贵州红色资源为高校思想政治教育提供了丰富的教育素材和灵感来源。通过深入挖掘这些资源的内涵，学生能够更深入地理解社会主义核心价值观的深刻内涵，认识到其与中国特色社会主义事业的紧密联系。这不仅有助于提高学生的思想境界和政治觉悟，还能帮助他们构建正确的世界观、人生观和价值观。另一方面，高校思想政治教育在积极挖掘和弘扬贵州红色资源的文化价值。通过对这些资源的深入研究和解读，思政教育能够更好地承担起传播和践行社会主义核心价值观的重任，推动其文化价值的深入挖掘和广泛传播。同时，贵州红色资源与高校思想政治教育共同肩负起培育和弘扬社会主义核心价值观的使命。在社会主义核心价值观的引领下，两者共同为大学生提供明确的价值导向和行为规范，引导他们深刻理解并践行爱党爱国的精神。这种共同的导向功能不仅有助于大学生的健康成长和全面发展，更为社会主义核心价值观的广泛传播和深入践行提供了有力支持。在推动社会文明进步和构建和谐社会的道路上，贵州红色资源与高校思想政治教育的结合将发挥不可替代的作用。

青年是国家的未来和希望，他们的成长与国家的兴衰息息相关。青年大学生的茁壮成长，离不开高校这片滋养人才的圣地。高校作为大学生思想政治教育的重要场所，承载着传播党的方针、政策、路线的崇高使命，致力于培养德智体美劳全面发展的社会主义建设者和接班人，更是锻造能够担当民族复兴重任的新时代杰出青年。贵州红色文化承载着丰富的历史底蕴和深厚的时代意义。红色文化不仅为高校思政课教学提供了生动鲜活的教学素材，而且极大地丰富和完善了大学生思想政治教育的内涵与形式，使教育更加贴近实际、贴近生活、贴近学生心灵。通过红色文化的融入，高校思想政治教育焕发出新活力。这种教育方式不仅增强了教育的实效性和准确性，更将红色文化的精髓深深烙印在学生的心中，转化为他们内在的品质和实践能力。在红色文化的熏陶下，青年大学生将更加坚定理想信念，勇担时代重任，为实现中华民族的伟大复兴贡献青春力量。

因此，将贵州红色文化资源融入大学生思想政治教育中，不仅具有深远的历史意义，更具有重要的现实意义。这一举措不仅有助于弘扬和传承红色文化，更能够培养出一批有理想、有道德、有文化、有纪律的新时代青年，为实现中华民族伟大复兴的中国梦贡献力量。

四、贵州红色文化资源融入高校思想政治教育的路径

贵州这片曾见证红军长征壮丽历程的土地，镌刻着无数英勇的红色记忆，孕育了宝贵的红色文化资源。在这片土地上，现存的长征遗址超过 750 处，全省 77 个县更是被列为国家革命文物保护利用的重点区域。然而，尽管红色文化资源如此丰富，部分规模较小的革命遗址尚未得到充分的挖掘和展示。新时代下，国家对红色文化资源的开发给予了前所未有的重视。为了充分挖掘和传承贵州本土红色资源，丰富和扩展全国的红色文化资源库，并促进其在高校思想政治教育中的融入，就必须探索一系列有效路径。

（一）注重红色文化开发与保护，打造红色文化资源数据库

我们必须深刻认识到红色文化的独特价值，并加强开发与保护。同时，随着信息技术的飞速发展，构建一个省级的红色文化资源数据库已成为当务之急。这一数据库将成为保存、整理、研究和传播贵州红色文化资源的重要平台，能够更全面、系统地了解和传承这些宝贵的红色记忆。

1. 全面挖掘和开发本土红色文化

为了凸显贵州红色文化在高校思想政治教育中的独特价值，必须全面而深入地挖掘和开发本土的红色文化资源。大学生作为传承和弘扬这一红色文化精神的中坚力量，其积极参与对于实现这一目标至关重要。全面发掘贵州红色文化的育人潜能，将为高校思政教育提供更为丰富且生动的红色教育素材。除众人所知的遵义会议精神外，贵州还孕育了众多值得我们去探寻的红色精神宝藏，如"困牛山战斗的革命精神"。这种精神不仅凝聚了伟大建党精神和长征精神的精髓，更体现了对党的绝对忠诚、对革命事业的坚定信念、无畏牺牲的斗争精神以及对人民的深切关爱。因此，需要对"困牛山战斗红军壮举"进行更为细致的研究和挖掘，通过梳理和再现相关档案文献，以更深刻的视角去理解和诠释这种"绝对忠诚、信念坚定、勇于牺牲、赤诚为民"的崇高精神。为了实现这一目标，必须整合贵州各地的红色革命遗址资源，进行深入的研究和挖掘，形成一套完整且系统的本土红色文化体系。这样的努力有助于我们更全面地了解相关历史资料，更能为贵州高校思政教育提供更为丰富和生动的案例，使大学生在学习过程中更加身临其境地感受红色文化的魅力，从而更加深刻地理解和传承这一宝贵的精神财富。

2. 构建贵州红色文化资源数据库

党中央对革命文物的保护和利用给予了高度重视，并明确强调弘扬革命文化、传承红色基因是全党全社会的共同使命。各级党委和政府积极响应，将革命文物的保护利用作为重要工作议程，加大投入力度，确保这些珍贵的文物得到妥善保存、科学管理和有效利用。革命文物在党史学习、革命传统教育和爱国主义教育中占据举

足轻重的地位，能够极大地激发干部群众的精神动力，为实现社会主义现代化国家的全面建设及中华民族伟大复兴的中国梦注入强劲动力。在数字化时代浪潮下，对传统纸质书籍、史料、档案、手稿等红色文献进行数字化收录已成为不可逆转的趋势。鉴于文物、建筑、遗址等实物红色资源和红色档案文献可能因岁月侵蚀、环境变化而受损，构建贵州红色文化资源数字化库藏显得尤为重要。这样的数字化库藏不仅为红色资源提供了便捷的电子化管理手段，也为学术理论研究提供了强有力的支持，进一步挖掘和提升了红色资源的价值。若各省份均能建立起本土的红色文化资源数字化库藏，将极大地丰富和完善全国红色文化的整体架构。通过资源共享，可以汇聚跨地域、跨年代的优质研究成果，推动红色文化更深入地融入贵州高校的思想政治教育之中，为培养新时代的青年人才提供丰富而有力的精神滋养。

（二）建构体制机制，加快构建红色文化一体化格局

为了更高效地将红色文化融入大学生思想政治教育中，贵州高校需在现有的思政教育政策保障体系之上，积极构建红色文化育人机制。这一机制旨在增强学生的抵抗力，使其能够自觉抵制不良信息的传播。同时，加强各研究机构间的合作与交流，深入挖掘贵州红色文化中的教育资源，是适应当前高校思政教育改革的重要一环，也是确保各项育人工作得以顺利推进的关键。

1. 加强组织领导

面对国内外环境的新变化，贵州高校思政教育工作需要及时调整策略。在原有的思政教育政策保障体系基础上，增设红色文化育人机制显得尤为重要。其中，组织领导的强化是首要任务，是推动相关工作顺利进行的核心保障。将红色文化纳入学校政策保障体系，是完善育人机制的重要举措。高校党委应肩负起对思政教育的绝对领导责任，制定并落实红色文化育人的目标方向及具体实施方案，同时接受监督。党委要明确责任，确保权责统一，并细化红色文化育人工作的具体实施，与各二级学院部门有效协作，形成包括校、院系、教务处和学生工作部在内的通力合作与相互监督的工作体系。在党委的领导下，各部门应明确各自职责，确保工作深入、细致。

2. 设立专项活动资金

近年来，随着"红色文化热"的兴起，部分贵州高校在将红色文化融入大学生思政教育中取得了显著成效。然而，仍有众多高校未能充分重视这一融合过程，这主要归因于两方面的因素：资金的不足和校级领导对红色文化教育重要性的认识不足。为了确保红色文化能够深入、有效地融入高校思政教育中，坚实的物质基础是不可或缺的。因此，设立红色文化专项活动资金显得尤为重要。这一资金的设立，旨在从财力、物力两方面为贵州红色文化融入思政教育提供坚实的保障。具体而言，红色文化专项活动资金应当纳入贵州高校的年度预算制度，确保相关红色文化活动的持续开展。这些活动包括但不限于重大纪念节日的红色教育、思政课教师开展的红色文化育人活动、实践教学基地的参观学习费用，以及推动课程思政的深入发展等。每一项活动都需要资金的支持，以确保其质量和效果。同时，需要确保红色文化经费的合理使用。资金应当用于最需要的地方，促进红色文化以多样化的形式融入大学思政教育中。这不仅为红色文化有机融入大学生思想政治教育提供了充足的物质保障，还为其建立了有效的运行机制，确保其长期、稳定地发展。

3. 成立红色文化研究团队

在构建红色文化一体化格局的过程中，团队的力量显得尤为关键。单个个体虽有其独特价值，但团队的协作与融合能够产生倍增的效应。因此，从组建红色文化研究团队的角度出发，能够更有效地推动贵州红色文化的深入研究与广泛传播。第一，从贵州高校内部选拔一批对马克思主义有坚定信仰、对党史和革命文化有浓厚兴趣的思政课教师和其他学科教师，共同组建红色文化研究团队。这样的团队将汇集多元化的学术背景和专业知识，为红色文化的深入研究提供坚实的基础。第二，鼓励团队成员之间展开全方位的合作与深入交流。专业思政课教师应与其他学科教师紧密配合，将思政课与课程思政有机结合，相互补充，以优化教学效果。同时，团队应致力于产学研相结合，将研究成果及时转化为教学素材，使贵州红色文化真正融入课堂，提高思政课和课程思政的教学质量。第三，党委领导下的组织保障和专项经费的支持是红色文化研究团队开展工作的重要条件。这些支持将确保团队能够顺利开展研究活动，推动贵州红色文化在高校思想政治教育中的深入应用。此外，学校可以将团队的研究成果汇编成书籍、论文、调研报告等，供广大教师参考使用，进一步丰富教学内容，提升教学效果。

（三）创新课堂教学，筑牢高校育人主渠道

高校作为培养人才的核心阵地，教育者的角色尤为关键。他们通过精心设计和实施教学方法，向学生传授知识，不仅有助于学生高效吸收知识，更是筑牢高校育人主渠道的重要力量。

1. 筑牢高校育人主渠道

党中央明确指出，要坚守课堂教学这一育人主阵地，通过加强和改进思想政治理论课，提升其亲和力和实效性，以满足学生全面成长的需求。高校课堂，作为塑造学生品格、培育学生灵魂的关键场所，其重要性不言而喻。为此，贵州高校应当积极将本土红色文化深度融入大学生思政教育中，使其成为课堂教学不可或缺的一部分。这就需要高校领导和教育者的共同努力，以确保思政课能够充分发挥其育人功能。讲好思政课，既要根据学生的不同特点调整教学策略，也要发挥教学在引领价值观方面的作用。贵州红色文化所蕴含的深刻教育意义，与高校思政教育的目标高度契合，教师在备课时应着重将贵州的红色精神、红色故事与课程内容紧密结合，使之贯穿整个教学过程。在课堂教学中，教师可以运用多种创新方法，如情景模拟、课堂辩论、视频展示等，巧妙地将红色文化融入思政课的难点、重点和热点问题中。例如，在讲授《中国近现代史纲要》关于中国革命的部分时，可以详细讲述中国共产党在贵州领导人民英勇抗战的历程，让学生在历史的波澜壮阔中感受政治理论的魅力，深入思考并领悟理想信念的力量，从而增强对理论的认同、情感的共鸣和政治的坚定。

2. 创新教学方法，助推课堂实效

思政课的成效在于如何有效地将内容传达给学生，并使之深入心灵。在这一过程中，教学方法的创新与运用显得尤为重要。为了使学生能够深刻理解和接受思政课程内容，不仅需要持续创新教学方法，还需坚守学生的主体地位和教师的引导作用。在将贵州红色文化资源融入高校思政课的过程中，应特别关注两大教学板块的创新：一是教师的专题讲授，二是学生的多样化参与。

在专题讲授环节，教师应根据课程目标，从省级红色文化资源数据库中精选出贵州的红色人物、故事和精神，结合教材内容，进行生动有趣的专题教学。为了确保内容与学生的接受度相契合，教师应根据课程标准和学生需求进行精心选材和剪辑，使红色文化资源能够巧妙地融入思政教育中，彰显其独特的教育价值。在讲授过程中，教师可将社会主义核心价值观与贵州红色文化资源相结合，通过深入浅出的语言和新颖的教学形式，激发学生的思考力和感悟力。为实现这一目标，教师可以采用多种创新教学方法，如启发式教学法，通过提问和讨论引导学生主动思考；案例教学法，利用具体的红色故事和案例，让学生在实践中学习；以及研究式教学法，鼓励学生进行独立研究，深化对红色文化的理解。这些方法不仅能够激发学生的学习兴趣和主动性，还能使思政课堂更加生动、有趣，从而激活课堂的生命力。

在思政课堂上实现学生的多样化参与，关键在于教师如何巧妙地设计课堂内容、预留充裕的时间，并开展多样化的教学活动。这些活动可以涵盖独立思考的引导、合作探究式的小组讨论，以及邀请学生代表分享讨论成果等环节。教师的角色在于提供点评和正面引导，确保学生的主体性得到充分发挥。为了增强课堂的互动性和学生的参与热情，教师还可以组织更具实践性的教学活动，如情景模拟对话、案例分析等，让学生在互动中加深对课堂内容的理解和感悟。例如，教师可以预先布置预习作业，明确下节课的讨论主题，如"爱国主义与抗日战争精神"的关联，鼓励学生自主查找资料、文献，形成自己的见解，并在课堂上分享。在倾听学生分享时，教师应敏锐捕捉学生的观点，对可能出现的偏差或误解给予及时纠正和指导。

在实施这一教学策略时，教师应将贵州红色文化巧妙地融入思想政治教育中，确保价值引领与课程教学目标的高度一致。同时，借助现代教育技术，如"学习强国"平台、微课、慕课等，以更具吸引力和时代感的方式引导学生深入思考和学习，进而更有效地实现课程教学目标。

3. 注重实践教学，形成长效机制

实践是理论生命力的源泉，也是检验真理的唯一标准。为了充分展现红色文化的深厚内涵与力量，必须深化并拓展实践教学，打造坚实稳固的长效机制，进而形成独具一格的实地实践教学育人体系。在贵州这片承载着丰富红色历史的土地上，拥有众多革命遗址和爱国主义教育基地，为实践教学提供了得天独厚的资源和平台。通过实践教学，学生能够亲身体验革命先辈曾经走过的艰辛历程，深刻感受他们为和平与正义所付出的巨大牺牲。作为新时代的青年大学生，更应该铭记历史，继承红色传统，走好新时代的长征路。为了确保实践教学的有效实施和长效机制的稳固建立，高校应在红色教育文件中明确规定，每位思政课教师每学期至少需带领一个班级进行一次实践教学活动。这样的安排旨在通过亲身参与和互动体验，加深学生对红色文化的理解和认识，引导他们深入了解长征途中发生在贵州的红色故事、英雄人物和崇高精神。通过这样的实践教学，学生将能够进一步增强对红色文化的认同感和归属感，激发他们为中华民族伟大复兴贡献青春力量的决心和行动。

（四）优化红色文化育人环境，增强环境育人实效

随着互联网技术的飞速发展，人们的生活方式发生了翻天覆地的变化，传统的育人方式在网络技术的冲击下需要与时俱进。因此，优化红色文化育人环境在今天显得尤为重要，以适应时代的变迁和满足教育的新需求。

1. 推进红色文化入校园，加强校园文化建设

高校作为大学生思想政治教育的前沿阵地，承载着培养青年学

生思想道德的重要使命。在推进思政教育工作中，结合显性教育与隐性教育，能够更全面、深入地影响学生。特别是将贵州红色文化有机融入校园文化建设中，作为一种隐性的教育方式，独特的感染力和熏陶作用将对学生的日常学习和生活产生深远影响。第一，校园环境的布置可以成为红色文化传播的重要载体。通过在校园内设置红色文化主题的标语、装饰广场等方式，可以营造出浓厚的红色文化氛围。每当学生在校园中行走，都能感受到红色文化的熏陶，从而潜移默化地接受红色文化的教育。第二，结合重要的纪念时间节点，邀请专业的红色歌剧团队进校园进行演出，更是一种生动的教育方式。通过艺术的形式再现革命先烈的英勇事迹，不仅能让学生更直观地了解历史，更能激发他们的爱国情感和革命精神。这种形式的教育不仅富有感染力，更能触动学生的心灵，让他们更加深刻地理解红色文化的内涵和价值。在国家重大节日或纪念日，贵州高校可以积极争取机会，为学生提供观看红色主题歌剧的机会，如国家大剧院为高校提供的免费观看名额，让学生亲身感受红色文化的魅力。第三，通过学生社团的参与，可以进一步推动贵州红色文化在校园内的传播。学生可以自发组织红色文化学习社团，举办红色故事分享会、红色主题演讲等活动，让学生在参与中深入了解红色文化，感受红色政权的来之不易。第四，利用校园公众号等新媒体平台，开设红色文化专栏，定期发布贵州红色故事、红色人物和红色素材，为学生提供丰富的红色文化学习资源，满足他们对红色文化的需求。这种线上线下的互动方式，可以使学生更加便捷地获取红色文化信息，加深对红色文化的理解和认同。

2. 优化互联网环境，加强网络监管

在互联网为我们带来了前所未有的便利与机遇的同时，其背后也暗藏着不容忽视的风险与挑战。在全球化的浪潮中，互联网成为各国文化、思想交锋的前沿阵地，西方国家始终未放弃对我国文化和网络的渗透，试图通过"西化"和"分化"的策略，达到其不可告人的目的。大学生作为国家的未来和希望，更是这场网络文化战争中的重点关注对象。他们年轻、充满活力，但三观尚未完全成熟，容易受外界尤其是网络上的影响。一些不法分子和境外敌对势力，利用网络平台，通过夸大其词、无端渲染甚至"污名化"和"贬低化"的手段，对我国红色人物和事件进行不实报道，企图误导大学生的思想和判断，破坏我国社会的和谐稳定，损害我国的形象和声誉。面对这样的严峻形势，我们必须提高警惕，加强网络监管，确保网络空间的清朗。这不仅是维护我国整体发展利益的必要之举，更是保护大学生免受不良信息侵害，引导他们形成正确价值观、历史观的重要措施。因此，必须积极优化互联网环境，加强网络监管，构建一个健康、安全的网络环境。这需要我们加强技术防范，增强网络安全意识，加强法律法规建设，确保网络空间的安全和稳定。同时，需要加强对大学生的教育和引导，提高他们的网络素养和辨别能力，让他们能够更好地应对网络上的各种挑战和诱惑。

互联网环境的优化，已然成为我们相关部门工作的重中之重。互联网以其开放性、即时性特点，赋予了人们自由表达的空间。然而，随着互联网的普及，一些不法分子和别有用心者也看到了可乘之机。他们利用社会热点问题制造网络风波、散播谣言，甚至进行网络诈骗，这些行为严重扰乱了网络秩序，对公众的思想观念产生了不良影响，甚至威胁到社会的稳定与发展。面对这一严峻挑战，相关部门必须迅速行动，加强和完善网络舆论监控系统。对网上出现的舆情要进行及时、有效的处理，以客观公正的态度对网上的相关事件进行评述，引导网络舆论向积极健康的方向发展。同时，网络思政工作者应肩负起重要使命，积极发挥专业优势，深入研究和探索网络思政工作的新途径、新方法。他们需要撰写更多与网络思政密切相关的研究成果，以供更多人了解和学习，从而提升网络思政工作的质量和水平。这些努力不仅有助于网络思政工作的顺利开展，更能为构建一个健康、和谐的网络环境提供有力支持。

参考文献

[1] 鲁力，刘洋．现代思想政治教育的多维探索［M］．天津：天津出版传媒集团；天津人民出版社，2023.

[2] 李苗，崔巧玲，周振兴．传统文化与大学生思想政治教育的创新［M］．长春：吉林出版集团股份有限公司，2021.

[3] 刘超．新时代思想政治教育与传统文化融合发展研究［M］．长春：吉林大学出版社，2022.

[4] 张枫．中华优秀传统文化与高校思想政治教育工作融合研究［M］．太原：山西出版传媒集团；山西经济出版社，2022.

[5] 岳东起．高校思想政治教育中传统文化的价值研究［M］．北京：北京工业大学出版社，2020.

[6] 田颂文．传统文化与高校思想政治教育融合发展的价值审视［M］．北京：北京工业大学出版社，2020.

[7] 龚婷．高校思想政治教育与传统文化的融合研究［M］．北京：北京工业大学出版社，2020.

[8] 曹一宁．新时期传统文化与思想政治教育创新研究［M］．北京：北京工业大学出版社，2020.

[9] 杨朝晖，段玥婷．全球化背景下中华优秀传统文化与大学生思想政治教育的融合研究［M］．天津：天津人民出版社，2020.

[10] 邓云晓，陆志荣．传统文化视域下大学生思想政治教育创新研究［M］．成都：西南交通大学出版社，2020.

[11] 李艳．高校思想政治教育环境研究［M］．天津：天津人民出版社，2023.

[12] 杨飞，刘海华．中华优秀传统文化融入思政课研究［M］．秦皇岛：燕山大学出版社，2023.

[13] 刘珥婷．文化视野下高校思想政治教育实践研究［M］．

哈尔滨：哈尔滨工程大学出版社，2023.

[14] 吴江. 中华优秀传统文化的思想政治教育价值研究 [M].
北京：北京理工大学出版社，2019.

[15] 史良. 传统文化与高校思想政治教育融合发展的价值研
究 [M]. 石家庄：河北人民出版社，2019.

[16] 徐初娜. 红色文化与高校思想政治教育耦合发展研究
[M]. 北京：新华出版社，2022.

[17] 高瑛，丁虎生. 新时代高校思想政治教育工作体系研究
[M]. 北京：光明日报出版社，2022.

[18] 吴文妍，鲁玲玉，毕虹. 当代高校思想政治教育理论与
实践研究 [M]. 延吉：延边大学出版社，2022.

[19] 钟媛媛. 守正与创新 高校思想政治教育理论与实践
[M]. 北京：中国传媒大学出版社，2022.

[20] 白留艳，赵旭英，蔡艳宏. 新时代高校思想政治教育融
合机制研究 [M]. 长春：吉林大学出版社，2022.

[21] 李志毅. 优秀传统文化的现代教育价值探索 [M]. 北
京：北京工业大学出版社，2023.

[22] 纪安玲. 红色文化资源融入高校思想政治教育研究 [M].
北京：线装书局，2023.

[23] 李正兴，左功叶. 传承红色基因的高校思想政治理论课
教学改革研究 [M]. 北京：新华出版社，2022.

[24] 唐明燕. 思政课教学的中华优秀传统文化资源及应用
[M]. 上海：复旦大学出版社，2022.

[25] 王英姿，周达疆. 新媒体时代下高校思想政治教育研究
[M]. 北京：九州出版社，2021.

[26] 郭强. 新时代背景下高校思想政治教育的优化与创新路
径探究 [M]. 北京：九州出版社，2020.

[27] 谢丹. 传统文化视域下的高校思想政治教育 [M]. 北
京：九州出版社，2018.

[28] 彭锡钊，王振江，于颖. 我国传统文化与学校思想政治

教育〔M〕. 北京：九州出版社，2018.

〔29〕高姗姗. 高校思想政治教育与文化融合研究〔M〕. 石家庄：河北人民出版社，2018.

〔30〕魏榛. 高等院校思想政治教育与文化软实力提升研究〔M〕. 石家庄：河北人民出版社，2018.

〔31〕陆明. 优秀传统文化与思想政治教育耦合研究〔J〕. 江苏高教，2023（5）：103－106.

〔32〕李同果. 中华优秀传统文化的思想政治教育功能〔J〕. 西部素质教育，2020，6（9）：2.

〔33〕杨惠. 中华优秀传统文化融入思想政治教育的方法探究〔J〕. 学校党建与思想教育，2020（2）：2.

〔34〕谭贵中. 思想政治教育学视域下受教育者接受中华优秀传统文化的路径探究〔J〕. 教育进展，2024，14（2）：4.

〔35〕张建江. 浅谈如何将中华优秀传统文化融入高校思想政治教育〔J〕. 青年与社会，2020（3）：2.

〔36〕王雪. 中华优秀传统文化思想政治教育资源开发〔J〕. 中学政治教学参考，2023（33）：3－4.

〔37〕李影，俞德成. 中华优秀传统文化与思想政治教育的相互契合〔J〕. 北华大学学报：社会科学版，2023，24（5）：135－139.

〔38〕向盛丽. 中华优秀传统文化融入思想政治教育的价值考量与实践路径〔J〕. 工业技术与职业教育，2024，22（1）：88－91.

〔39〕田小艳. 中华优秀传统文化的思想政治教育功能研究〔J〕. 产业与科技论坛，2023，22（13）：97－98.

〔40〕刘慧颖. 中华优秀传统文化融入思想政治教育的创新研究〔J〕. 产业与科技论坛，2023，22（6）：217－218.

〔41〕顾小花. 基于中华优秀传统文化的思想政治教育〔J〕. 学园，2023（6）：1－3.

〔42〕王梁华. 中华优秀传统文化与思想政治教育的融合路径〔J〕. 中学政治教学参考，2022（41）：92－92.

〔43〕吴瑾菁，孔柠檬，刘亮亮. 民族优秀传统文化融入思想

政治教育的理论逻辑及实践向度 [J]．民族学论丛，2022（21）：127－131．

[44] 陈婷．新时代中华优秀传统文化融合思想政治教育的路径 [J]．中国科技期刊数据库科研，2022（5）：4．

[45] 郭召利，杜欣．探索中华优秀传统文化与思想政治教育融合之路 [J]．山东人力资源和社会保障，2022（21）：2．

[46] 刘红．中华优秀传统文化与思想政治教育的契合性探究 [J]．才智，2022（28）：1－4．

[47] 王悦．中华优秀传统文化与思想政治教育的融合策略 [J]．教师，2022（11）：6－8．

[48] 郑君，李明超．中华优秀传统文化的思想政治教育价值论要 [J]．北华大学学报：社会科学版，2022，23（5）：127－134．

[49] 李楠，吴鑫玥，许珊．中华优秀传统文化融入思想政治教育路径研究 [J]．现代商贸工业，2022，43（23）：195－196．

[50] 单丽．中华传统文化融入思想政治教育的途径 [J]．中学政治教学参考，2021（18）：1．

[51] 侯雪梅．中华优秀传统文化融入思想政治教育理论课路径研究 [J]．时代人物，2021（9）：1．

[52] 李琳琳．"互联网＋"时代下高校传统文化融入思想政治教育的机制探究 [J]．湖北开放职业学院学报，2021，34（3）：97－99．

[53] 李丽．论贵州红色文化资源在新时代高校思想政治教育中的功能定位及实现路径 [J]．黔南民族师范学院学报，2020（1）：8－11．

[54] 于炎．贵州高校大学生思想政治教育的网络生态建构研究 [J]．中外交流，2019，26（25）：3－4．

[55] 覃静黎．浅论新媒体视域下高校学生思想政治教育新载体 [J]．贵州教育，2021（10）：3．

[56] 窦智．贵州红色资源融入高校思想政治教育的实践探索 [J]．人文之友，2019（22）：2．

[57] 李丽．论贵州红色文化资源在新时代高校思想政治教育

中的功能定位及实现路径［J］．黔南民族师范学院学报，2020，40（1）：4.

［58］郑艳．地方红色文化资源在高校思想政治教育工作中的运用研究：以贵州省为例［J］．时代人物，2020（24）：1.

［59］冯洁．中华优秀传统文化融入大学生思想政治教育路径探析：以贵州省高校为例［J］．祖国，2019（7）：3.

［60］韩军．融媒体背景下贵州红色文化融入高校思政课教学的实践创新［J］．现代职业教育，2022（31）：1—3.

［61］李颖．贵州红色文化融入学生思想政治教育路径探析［J］．国家通用语言文字教学与研究，2021（8）：5—6.